Lutero

Su tiempo, vida y legado

Vantuil G. dos Santos

PATMOS

Lutero: Su tiempo, vida y legado

Publicado por Editorial Patmos,
Miami, FL. 33169

Publicado originalmente en portugués por la Casa Publicadora das Assembleias de Deus, Av. Brasil, 34.401, Bangu,
Río de Janeiro – RJ, con el título *Lutero: Época, vida, legado*

Traducido al español por Abigail Bogarín.
Diseño de portada por Fábio Longo.
Diseño interior por Elisangela Santos.
Adaptación de portada e interior al español por Adrián Romano.

ISBN: 978-1-58802-852-5

Categoría: Vida cristiana / Teología devocional

Impreso en Brasil | *Printed in Brazil*

A las cinco mujeres de mi vida:
A mi madre Esmeralda que, con ciencia y sabiduría, supo conducirme, al igual que Lutero, «a las puertas del paraíso».
A mi esposa Mirian por su paciencia y comprensión por las muchas horas que prescindí de su insustituible compañía, mientras trabajaba en la elaboración de esta obra.
A mis hijas Elaine, Luciana y Claudia, por quienes mi amor es más fuerte que mi fuerza.
Se los dedico con amor.

Hay hombres y mujeres que brillan como estrellas en el firmamento y que sólo pueden ser eclipsados por la luz del sol; sin embargo, aunque no se los vea, continúan brillando. Lutero es una de esas estrellas eclipsadas por el Sol de Justicia.

Contenido

Introducción

Este no es un libro que trata acerca de la Reforma Religiosa del siglo XVI. Hago esta observación porque cuando se habla de Lutero de inmediato pensamos en la Reforma. Es imposible hablar de él sin relacionarlo con el tema. Martín Lutero se convirtió en un sinónimo de la Reforma. Su nombre también está asociado, directa o indirectamente, con las Reformas de Europa que acontecieron en el mencionado siglo. Sin embargo, no es el caso de este libro, aunque la Reforma en sí aparece a veces solo como trasfondo. Presentaremos al Lutero hombre, con sus crisis, problemas, frustraciones, y también con sus victorias y conquistas a lo largo de su vida.

Lutero no solamente fue un hombre del siglo XVI. Como verdadero profeta, vislumbró las prácticas para una sociedad moderna y contemporánea. Ofrecemos entonces una presentación de otro aspecto del Reformador, es decir, su contribución o legado para nuestro tiempo.

Mi interés en Lutero comenzó al final de mi adolescencia, cuando leí el libro *Héroes de la fe*. Creo que fue la primera obra del escritor Orlando Boyer, hoy editada por la CPAD, en la que se alude a las extrañas experiencias que diversos hombres y mujeres tuvieron con Dios, entre ellos Lutero.

Los años pasaron y este interés por Lutero nunca se borró de mi mente. Pero, debido a mi labor profesional y pastoral tuve que privarme de realizar una lectura más sistemática acerca del Reformador. Sin embargo, a comienzos del año 2000 volví, podría decir que casi compulsivamente, a la lectura sobre este hombre que marcó a la cristiandad de los tiempos modernos.

Uno de los efectos de estas lecturas fue las conferencias que realizábamos. Este libro es producto de ellas y surge en respuesta a los pedidos de su publicación. Así nació la obra *Lutero: Su tiempo, vida y legado*.

Es necesario mencionar algunas observaciones:

Procuro presentar el tema desde una perspectiva pastoral. Espero que esta lectura pueda producir, de alguna forma, el crecimiento espiritual y la pasión por «las cosas de arriba», porque de eso Lutero tiene mucho que decirnos debido a su propia experiencia con Dios. Sabemos que cada experiencia es particular. Sin embargo, somos como un imán los unos de los otros, queriendo influenciar y recibir influencia. Por eso, Lutero, mediante su carácter, se reveló como un gran influyente.

La vida de Lutero presenta muchos «pros» y también muchos «contras». En mi exposición hago patente el énfasis en los aspectos positivos y no necesariamente en los negativos. Sabemos que a lo largo de estos 500 años nos presentaron a Lutero como un «jabalí salvaje» que pisoteaba la «cosecha del Señor», o hasta (en el otro extremo) como un santo en cuyo nombre se elevaban oraciones al «Apóstol de la libertad». Por mi parte, procuré destacar el lado bueno de Lutero, aunque sabía de sus limitaciones históricas. Por ejemplo, el tema de los campesinos o su postura acerca de la bigamia en la que vivía Felipe de Hesse y la cuestión de la esclavitud de esa época, solo por mencionar algunos. Sin embargo, si colocáramos los pros y los contras del reformador en una balanza veríamos, en mi opinión, que el péndulo se inclinaría hacia los pros. Muchos de los contras están incluidos en el contexto de la época. No debemos olvidar que las ideas de Lutero reflejan la ideología de su tiempo, aunque muy avanzada en muchos aspectos. Lea, por ejemplo, el consejo que da a los nobles, a los concejales de las ciudades y a los campesinos poco antes de que estallara la rebelión:

> Por lo que mi consejo sincero sería que se escogieran de entre la nobleza algunos marqueses y señores, y de las ciudades algunos consejeros para tratar de resolver las cuestiones de forma amigable [...] por otro lado, que los campesinos aceptaran los consejos, en el sentido de suprimir algunos artículos [estos son los Doce Artículos del Campesinado de Suabia] que son demasiado largos.

¿No encontraríamos aquí el principio de un futuro sindicato? ¡Para pensar!

Me propuse presentar un texto lo más informal posible porque mi objetivo es dirigirlo al público no experto. Por eso opté, aunque basado en la bibliografía, por no incluir las fuentes dentro del texto del libro ni en notas al pie de página.

Mi exposición principalmente es en primera persona del singular, con la intención de que la lectura resulte una especie de conversación. Utilizo un lenguaje simple, personal y directo. Que me perdonen los más rigurosos o los expertos.

La obra está dividida en tres partes. Es bueno resaltar que la presento así simplemente para que su exposición sea lo más didáctica posible. Sin embargo, estas divisiones están bien entrelazadas. Es difícil comprender de manera coherente a Lutero fuera de su contexto. A su vez, el contexto contribuía a que él forjara una severa crítica a las instituciones.

Cuando Lutero censura la propuesta, a la vez presenta su sugerencia o salida de la situación que acaba de criticar. Es en ese momento que transmite su legado. En su momento histórico muchas veces el reformador «habla en el desierto», pero con el tiempo sus palabras ganan fuerza, consistencia y comienzan a ser practicadas. Podemos citar, por ejemplo, sus reclamos para que las misas se realizaran en la lengua vernácula. Y recién en el

Concilio Vaticano II se estableció que la misa podría realizarse en la lengua nativa. Con el tiempo se vuelve clara la distinción entre lo correcto y lo incorrecto. Por lo general un legado no surge en un corto plazo. ¿Acaso el apóstol Pablo al escribir sus cartas a los romanos, por ejemplo, imaginaba que se incluirían en el canon del Nuevo Testamento? Con seguridad la respuesta sería: ¡No! El apóstol escribía a las iglesias de la época que tenían problemas específicos. El canon es una evolución a la cual él contribuyó. Este también es su legado.

En la primera parte presentaremos el contexto de Lutero, es decir, la época y el lugar en los que estaba inserto: La Europa del siglo XVI. Una Europa caracterizada por cambios en todas las áreas del conocimiento humano. Una Europa que vivía el proceso de la crisis final del feudalismo y la formación de un nuevo modo de producción: el capitalismo. De esa formación surgió la llamada época pre capitalista. En esa Europa cambiante se nos presenta la Alemania de Lutero en medio de la crisis con la emergencia de las ciudades que buscaban su espacio político ante un emperador débil y una iglesia en lucha por la continuidad de mantener el *status quo*.

En la siguiente parte del libro presentaremos a Lutero, el hombre: Su familia, su infancia, su educación, su ingreso al convento, su casamiento y sus principales obras. Es el Lutero con sus crisis existenciales hasta su «camino a Damasco».

Concluiremos con su legado. No quisiera que el lector creyera que el legado de Lutero se agota en estas pocas líneas. Para hablar acerca de la influencia del reformador a las generaciones venideras tendríamos que invadir ámbitos en las áreas educativas, políticas, filosóficas, éticas, morales, económicas y otros. Aunque no era un experto en todos los asuntos que disertaba, no obstante, los respaldaba o incluía en lo que él más entendía: Las Sagradas Escrituras. Lutero encontraba en la práctica de las Escrituras la solución para todas las cuestiones en las que participaba.

Esta obra cuenta con un apéndice con tres aspectos que no se incluyen en el texto, pero que se relacionan directamente con Martín Lutero. Se trata de una cronología, en la que se destacan algunas de sus múltiples actividades e información acerca de su vida. Lo sigue la contemporaneidad del reformador con sus amigos, sus partidarios, e incluso con sus opositores.

Respecto de la conclusión de la obra, prefiero dejar que el lector saque por sí mismo su propia conclusión.

Parafraseando a Pilato, digo: «¡He ahí vuestro… libro!»

Contextualización

Comenzaremos nuestro tema entonando una canción minera, bastante popular, de la cual reproduciremos parte de la letra, con la esperanza de que la cantemos juntos:

> Cómo puede un pez
> vivir fuera del agua fría;
> cómo puede un pez
> vivir fuera del agua fría.
> Cómo podré vivir,
> cómo podré vivir
> sin tu, sin tu,
> sin tu compañía.

Aunque sabemos que esta canción es una declaración de amor entre dos personas, de manera semejante, podemos aplicarla a una relación cercana entre las personas y su ambiente. No existen personas aisladas del mundo en el que viven. Vivir es estar en relación. El ser humano siempre reproducirá la realidad en la que vive a través de su actitud, aunque sea inconscientemente. Así como el pez no puede vivir «fuera del agua fría», de la misma manera tampoco nosotros podemos vivir sin la «compañía» de todo lo que nos rodea, ya sea por medio de una ideología, de una creencia, de las costumbres, de los valores y, en términos generales, de la cultura en la cual estamos insertos. Estamos presos o condicionados por la realidad que heredamos. Aunque conocemos esa verdadera prisión; somos conscientes de nuestros límites ante esa realidad y hasta incluso imaginamos un cambio de este mundo que nos presiona, estamos condicionados a esa situación. Jamás nos libraremos de esta «agua fría» o «compañía». A no ser que nos rebelemos y rompamos con nuestra realidad caeremos en otra ya construida.

Así fue en el pasado y así será siempre. Tomemos el ejemplo del apóstol Pablo. Jamás podría haber escrito sus cartas a las iglesias que él mismo fundó por correo electrónico, por las redes sociales o por mensaje de texto, porque simplemente no existían en su época. Nunca podremos imaginar a un «Pablo internauta». Él escribió sus cartas o epístolas a su propio mundo o ambiente en el que vivía, es decir, a una sociedad grecorromana del primer siglo de la era cristiana, como también al judaísmo de la dispersión. En la «mente» de Pablo no había un judío de Judea, pero sí un judío de la diáspora. Al igual que los demás seres humanos, también era un «pez» que no podía vivir «fuera del agua fría». Podemos detectar frases, expresiones, pensamientos y diversos aspectos culturales en las palabras del apóstol que eran parte de la cultura de su época. En realidad, somos nosotros los que necesitamos contextualizar los escritos de Pablo a nuestra realidad.

¡Y así avanza la humanidad!

De la misma manera, ninguno está exento de ser imparcial cuando escribe, lee, habla o incluso piensa. Siempre reflejaremos la realidad que vivimos. No somos extraterrestres ni tampoco una isla, porque no vivimos en aislamiento. Como decía el sabio Aristóteles: «el hombre es un ser político», es decir, vive en la Polis; necesita relacionarse con su mundo. La prueba de nuestra humanidad es que vivimos y convivimos en nuestro ambiente.

Experiencia de vida

En mi experiencia como profesor, al iniciar la clase escribía al costado de la pizarra una frase breve para reflexionar. Y, además de escribir, reservaba unos minutos para dar una explicación y desafiar a la clase a reflexionar. Me acuerdo que unos de mis pensamientos preferidos era la siguiente afirmación: «Somos totalmente libres cuando pensamos». Ese pensamiento se transformó en una verdad indiscutible, incluso en un axioma, es decir que no carece de pruebas porque se prueba a sí misma. El axioma es una proposición tan exhaustiva la que se constituye en una teoría o última premisa. De esa manera no había ninguno que desafiara este pensamiento: somos libres solamente en aquello que pensamos. Puro engaño y sofisma: estábamos equivocados, tanto el profesor como los alumnos. Hasta ciertos chistes surgían de esta «máxima», porque podríamos pensar lo que quisiéramos sin correr peligro de que nos descubrieran. Somos libres para pensar y nadie puede descubrir lo que pensamos.

Así continué con la clase después de haber reflexionado acerca de esa «verdad». Sin embargo, leyendo al siquiatra Augusto Cury, descubrí que no somos libres ni siquiera en el pensamiento. Siempre pensamos lo que el cerebro proyecta, mediante nuestros sentidos. Lo que vemos, sentimos y experimentamos, en otras palabras, todo lo que vivenciamos, son como «archivos» que se almacenan en nuestro cerebro y se transforman luego en pensamientos. Siempre estamos reproduciendo y proyectando todo un bagaje que nuestro cerebro produjo. Al pensar nos mostramos a nosotros mismos lo que nuestro cerebro tiene archivado. Esto nos revela que, incluso en el pensamiento, estamos condicionados por el mundo que nos rodea. Vivimos en un ambiente cultural e ideológico que nos moldea.

Lectura condicionada

Una verdad semejante se aplica a la lectura de una obra. A todo lo que leemos proyectamos una lectura de nuestro mundo, o sea, «cada uno lee con sus propios ojos» e interpreta conforme a su ambiente. «Cada punto de vista es la visión de un punto», afirmó L. Boff. En la práctica, cuando leemos, nosotros mismos interpretamos nuestra lectura. Ninguno cuenta una historia; en realidad lo que hacemos es volverla a contar. Por tanto, siempre proyectamos sobre lo que leemos nuestro propio bagaje adquirido a través del tiempo, y, en esa lectura, siempre agregaremos algo de nosotros mismos que nos fue transmitido. El siquiatra J. Jung afirmó: «Nacemos originales y nos volvemos copias». Ninguna lectura será imparcial. Siempre tendremos nuestro "creómetro".

En esta línea de pensamiento, Frei Betto afirmó que «la cabeza piensa donde pisan los pies». De Inajá Martins de Almeida leemos esta prosa educativa:

> Dame un retazo de lana y tejeré un suéter.
> Dame una palabra y enunciaré una frase.
> Dame una frase y escribiré un texto.
> Dame un texto y produciré un libro.

También podemos detectar la dimensión de la lectura, en el sentido de que siempre estaremos «viajando» a través de ella. Vamos más allá de lo que leemos. Sin duda, usted habrá leído alguna obra en particular y posteriormente fue a verla cuando la transformaron en telenovela, película u obra de teatro. Por lo general, apreciamos más su lectura que su visualización, porque a través de la lectura viajamos. Los ojos ven, pero la imaginación ve más allá.

Siendo así el pensamiento, la lectura y lo que escribimos estarán siempre ligados, e incluso relacionados, a nuestra experiencia de vida.

Consientes o no, siempre estaremos extrayendo de nuestro archivo psíquico lo acumulado en nuestra existencia y todo se reflejará en lo que realizamos.

Entrelíneas

Lo que es verdad en la ética, la política, la moral y la sociedad lo es también en la teología. El teólogo H. Richard Niebuhr, afirmó que «las opiniones teológicas tienen sus raíces en la relación entre la vida religiosa y las condiciones culturales y políticas prevalentes en cualquier grupo de cristianos». Al escribir, en cualquier nivel o situación que sea, siempre expresaremos nuestra propia experiencia. Tomemos el ejemplo de K. Barth en su conferencia pronunciada el 10 de marzo de 1933, en pleno apogeo del Nazismo, que sugiere entrelíneas, acerca del gobierno tirano de Hitler: «Toda teología tiene "otros dioses", y sin duda alguna están allí donde hay gente y donde ella misma menos los percibe». Siempre dejaremos, de forma clara y evidente, o «a escondidas», la realidad vivida tanto del que escribe como de aquel para quien se escribe. Por tanto, para comprender un texto de una época determinada, ya sea del pasado remoto o incluso del presente, es necesario el conocimiento previo del contexto socio-cultural en el que fue escrito, para conocer mejor y asimilar el pensamiento del autor y su postura frente a su momento histórico. Todo texto se encuentra dentro de un contexto. Puede que este se encuentre en las líneas cercanas al texto o distante, tal como en las instituciones culturales de la época o en una ideología dominante. Un texto nunca será neutro o imparcial.

También puede ocurrir lo contrario. Muchas veces nos ajustamos a una nueva realidad que experimentamos y a la que tenemos que «adaptarnos». Tuve mi propia experiencia ministerial en relación con el contexto o ambiente social. En la década del `80 comencé a pastorear una iglesia en una comunidad carenciada. Incluso había un lugar al que los propios moradores llamaban como «Callejón de la miseria». Era el área más carente dentro de la pobreza de la comunidad. Ocurrió cierto hecho, al inicio de mi labor, mientras subía una loma en dirección al templo, vestido de traje y corbata: un residente del lugar, al pasar a mi lado, y en respuesta a mi saludo, me contestó de una manera contundente y reveladora: «¡Buenos días, doctor!» Mi interpretación a la respuesta de aquel morador fue un pedido de que me contextualizara. Descubrí que estaba «desubicado» de la realidad al iniciar mi trabajo pastoral. Siempre estaremos vinculados a un contexto y muchas veces es necesario que nos «ajustemos».

Así también ocurrió con Martín Lutero.

Primera parte

Su tiempo

Lutero y su época

Toda la exposición anterior fue para demostrar la relación existente entre Lutero y su ambiente europeo o, empleando la expresión de Lucien Febvre: «Lutero y su destino» Era un hijo de su época, inserto en un ambiente social, político, religioso y cultural de fines de la Edad Media, periodo que se extiende del 476 al1453, comienzo de los llamados Tiempos Modernos. Podemos ver un Lutero «medieval» y «moderno», que no solamente actuaba, sino que también reflejaba el momento histórico en el que participaba. Para escribir sobre historia siempre se incluye la historia del historiador. Al escribir sobre la historia se tiene en cuenta la historia del propio historiador, porque él está incluido. Y Lutero no fue la excepción.

En el transcurso de la Reforma, cuyo personaje principal fue Lutero, notamos la proyección de los acontecimientos simultáneos e interrelacionados, propios de su sociedad, de los cuales él formaba parte. Lutero era uno de los eslabones de esa corriente. Se produjeron hechos en el siglo XVI que, directa o indirectamente, contribuyeron positivamente al éxito de la Reforma. Algunos posicionamientos de Lutero forman parte de la ideología de esa época y se los debe analizar desde esa perspectiva. Si queremos evaluarlos debemos hacerlo sabiendo que fueron hijos de su propia época y no desde la perspectiva de nuestra sociedad actual.

¿Cuál era el contexto de su época? En líneas generales podemos resaltar los aspectos *económicos* y *tecnológicos*. En la época de Lutero la expansión marítima estaba en pleno apogeo con los viajes a las Indias, provista por las nuevas naves que salían en frenética búsqueda de especias; el invento de la imprenta con tipos movibles que facilitó en gran manera la difusión de las obras y las ideas de Lutero; y la conquista de las colonias americanas, factor que contribuyó al crecimiento comercial. En el ámbito *político*, se inició el proceso de centralización, relacionado con una crisis del feudalismo como método de producción y el surgimiento de un grupo social que se fortaleció a través de los siglos en apoyo a los reyes: la burguesía. Tanto los campesinos, como la misma burguesía buscaban ocupar un «lugar visible» en el momento de la llamada transición del feudalismo al capitalismo. Este último comenzaba a probar sus primeros pasos como un método de producción futura. Era el momento de los grandes negocios patrocinados por las casas financieras europeas, del incremento de las ventas a crédito, de los intereses, de las ganancias, de la mayor tasación y demás prácticas del capitalismo moderno. En el contexto *cultural* surgieron paralelamente el Humanismo y el Renacimiento que, entre sus características, se destaca su retorno a las fuentes originales [*Ad fontes*], cuyo máximo representante fue el humanista Erasmo de Rotterdam, quien en 1516 tradujo el Nuevo Testamento directamente del griego. La obra de Erasmo fue la base para las traducciones de la Biblia que utilizaron luego los reformadores, y durante 300 años sirvió como texto modelo para los protestantes.

Finalmente, solo por citar unos pocos hechos, tenemos el aspecto *religioso*. Frente a todas estas transformaciones la iglesia oficial se resistía no solamente a los cambios necesarios inherentes a ese nuevo mundo, o a esa nueva Europa que surgía, sino que también era incapaz de atender a las necesidades de su población que cada vez se secularizaba más, aunque sin perder sus anhelos espirituales, en especial la preocupación acerca de la salvación. Por parte de la iglesia había muchas dudas teológicas y conflictos entre las órdenes religiosas. Cuando León X asumió el papado se realizó una procesión en la que se podía leer un gran cartel con las siguientes palabras: «Anteriormente gobernó Venus [Alejandro VI], después Marte [Julio III], ahora Palas Atenas [León X] sostiene el cetro».

Estos pocos ejemplos reflejan la situación de la iglesia.

Otros factores que trataremos más adelante prepararon el terreno fértil para la obra realizada por el reformador. Por muchos siglos, varios «precursores» lo intentaron sin lograr un éxito inmediato, porque no estaban dadas las condiciones estructurales para su plena realización. En el mundo de Lutero las condiciones eran otras.

¡Y eso es lo que demostraremos!

Debido a la naturaleza del tema propuesto, y para evitar extendernos demasiado y que al final se ignore el propósito, hablaremos principalmente acerca de dos situaciones vinculadas directamente a Lutero que reflejarán la vida del reformador y, por extensión, la Reforma misma.

En primer lugar, tenemos un elemento más amplio en el contexto de Lutero: El Sacro Imperio Romano-Germánico. Sabemos que el Sacro Imperio era Alemania y que Alemania era el Sacro Imperio. Sin embargo, había una división de intereses en relación con el Imperio. En el momento histórico en que actuó Lutero, su país, Alemania, fue llamado posteriormente el 1° Reich, diferenciándolo así del 2° Reich (1871-1918) y del 3° Reich (la Alemania Nazi). En segundo lugar, lo más cercano al reformador era su propio país, la Alemania del siglo XVI. Para el desarrollo del accionar de Lutero, esas dos situaciones constituyen «las dos caras de una misma moneda». La política externa del Imperio contribuyó al desempeño de Lutero.

El sacro Imperio Romano-Germánico

Antes de analizar el Sacro Imperio en cuanto a la situación de la Alemania del siglo XVI, creemos que se puede aplicar la analogía que utilizó el apóstol Pablo en Gálatas 4:4: «Cuando se cumplió el plazo, Dios envió a su Hijo». Algunos se han sorprendido de que Pablo utilizara la palabra *cronos* para aludir al tiempo. *Cronos* es un espacio de tiempo, puede ser largo o corto. También significa duración, tiempos, siglos. Vamos a ilustrar la idea de *cronos*. Cuando uno compra algo a crédito se lleva la mercancía y se estipula un plazo máximo para realizar los pagos. Al llevar la mercancía se entiende que existe un plazo previamente establecido para hacer los pagos. Al terminar de pagar las cuotas la mercancía pertenece al comprador. Solamente después de haber cumplido los pagos, según el plazo establecido, el comprador es dueño legal del producto adquirido.

Eso fue exactamente lo que Pablo afirma que Dios hizo. «Cuando se cumplió el plazo, Dios envió a su Hijo» para librar de la Ley a todos los que recibe como hijos. Podemos parafrasear al apóstol Pablo afirmando «cuando se cumplió el plazo» ... ¡Dios envió a Lutero! Él vivió un momento histórico sin precedentes en la ejecución de la Reforma. El siglo XVI poseía todas las condiciones históricas, culturales, religiosas, políticas, espirituales y morales, entre otras, para el estallido del movimiento reformador. Como «telón de fondo"», presentaremos al Sacro Imperio Romano-Germánico y a las ciudades alemanas en el momento de la Reforma. Con ello no pretendemos ser exhaustivos sino más bien tratar de mostrar la participación de Lutero en su mundo del siglo XVI. No podemos sacar a Lutero de su «agua fría», porque era su «compañía».

También es oportuno hacer una observación. Se trata de diferenciar el Imperio Romano-Germánico de Alemania. Podemos compararlo con una moneda de dos caras, es decir, son dos realidades que se complementan, pero con diferencias muy leves. La Alemania del siglo XVI era el Sacro Imperio Romano-Germánico (a partir de ahora, el Sacro Imperio). Sin embargo, muchos grupos sociales diferían de la política del Imperio, principalmente las ciudades alemanas. El propio emperador de la época de Lutero, Carlos V, no era alemán y ni siquiera hablaba el alemán. Además de Emperador del Sacro Imperio, era también rey de España y archiduque de Austria, como Carlos I.

No podemos separar la Reforma de la Alemania del siglo XVI del Sacro Imperio. Diversas cuestiones fueron prorrogadas a causa de intereses políticos de grupos dominantes y también debido a la situación conflictiva de Europa. A menudo se dejaban estas cuestiones para su tratamiento posterior. De hecho, la política y la religión se mezclaban por interés, y por eso el «caso Lutero» se posponía, favoreciendo de cierta manera al reformador.

El Sacro Imperio era un grupo de pueblos de Europa Central fundado bajo el consentimiento de la iglesia en beneficio de la supervivencia de la lucha por el poder. Con la disgregación del Imperio Romano, en el siglo V, en toda la Europa Occidental el poder se descentralizó a causa de los llamados reino bárbaros, tales como los godos, visigodos, germánicos, ostrogodos, vándalos y francos, por citar a los más prominentes. La iglesia percibió la urgente necesidad no solamente de ocupar los espacios vacíos, sino también de imponerse en un mundo hostil. Este mundo hostil estaba potencialmente latente en el Oriente porque el patriarca de Constantinopla rivalizaba con el Papa Romano, debido a la existencia de varios reinos bárbaros que optaron por el arrianismo en sus dominios, tales como los visigodos y los ostrogodos. También a causa de la corriente donatista que competía simultáneamente con el clero romano, especialmente en el norte de África, debido a la persecución de los fieles católicos romanos y a la confiscación de sus bienes y templos. La iglesia enfrentaba una situación delicada, porque había quedado «sin tierra», con una actividad centrada principalmente en el sur de Italia. Desde la época de las conquistas bárbaras, la iglesia necesitaba una restauración de su *status quo* y un apoyo político de gran envergadura. Y ese respaldo se lo daría el reino más consistente, fuerte y de connotación católica romana: el reino Franco.

Bajo su bendición, a lo largo de los siglos, en especial a los emperadores Carlos Magno del siglo IX, y Otto I de fines del siglo X, la iglesia de «manera improvisada», con avances y retrocesos, a veces como señora y otras como plebeya, bendiciendo y siendo bendecida, aliándose con amigos y enemigos, comenzó a cimentarse y muchas veces a establecer las reglas para la sociedad de su época. Un verdadero juego de equilibrio e intereses que se iban procesando, con diversas alianzas, que por lo general eran solo pretextos.

A modo didáctico podemos distinguir cinco periodos en la formación del Sacro Imperio: el primero, en el que se ve una distribución de fuerzas de los reinos bárbaros del antiguo Imperio Romano del Occidente, que abarca los siglos V y VI; el segundo, que se inicia con la separación entre Occidente y Oriente, quedando el Papa del lado de Occidente; el tercero tiene lugar bajo el dominio de Carlos Magno, que establece la orden cristiana en el Occidente; en el transcurso del cuarto periodo, la iglesia, que se autodenomina la heredera de Carlos Magno, se venga del poder temporal; en el quinto, finalmente, la dinastía de los Otones procura reconstruir el Imperio del Occidente. Cabe resaltar el juego de intereses entre el Imperio y la Iglesia, porque en nombre de Dios no solamente se buscaba la supremacía política sino también las ventajas provenientes del propio poder. Por su parte, el Imperio intentaba a través de las «conversiones» controlar a la gran masa católica. Así se ayudaban mutuamente, el uno al otro.

Verdaderamente, ese Imperio siempre fue una farsa desde su origen. Los cronistas de la época del emperador Otón I

(962-973), atestiguaban la preferencia del término «Augusto» (divino) en lugar de Romano. Para el emperador únicamente se es romano desde un punto de vista muy formal, sobre todo, en relación con la sucesión, e incluso para no entrar en una confrontación con el Imperio Romano Oriental. El término Imperio Romano se comenzó a utilizarse en el momento en que el emperador de Constantinopla ya no lo reconocía como tal. A partir de entonces, los adeptos de Otón I se esforzaron para que el emperador se convirtiera en el «Emperador de los romanos», y así demostrar que los romanos estaban bajo su poder. Según Touchard, el embajador de Otón I, Liutprand, declaró «en cuanto a nosotros, los lombardos, sajones, francos, lotarios, bávaros, suevos y burgundios sentimos tal desprecio [por los romanos] que la mayor ofensa que podemos cometer contra nuestros enemigos es llamarlos "romanos", hallándose implícito en este término todo lo que es bajeza, cobardía, avaricia, lujuria, deslealtad y todos los vicios en general». Otón III hizo todo lo posible por restaurar el antiguo imperio cristiano, sobre el cual por derecho asumiría la regencia de la cristiandad, y la función de los papas se reduciría al papel de grandes padres encargados del ministerio de la oración. Por consiguiente, el nombre Sacro Imperio Romano-Germánico es el resultado de un proceso, mediante el cual, a lo largo de los siglos, los emperadores alemanes perdieron la batalla por asumir el papado en la Edad Media.

El historiador luterano Martín Dreher afirma que este imperio fue una «farsa» más que una realidad política dominante y centralizada. El mismo nombre «germánico» revela que ya no sería posible restablecer el Imperio Romano que soñaron sus fundadores. El mismo Voltaire afirmó en el siglo XVIII que el Imperio «no era santo, ni romano ni germánico».

En este contexto nació Lutero. Fue contemporáneo de los emperadores Maximiliano I, que gobernó desde 1493 hasta 1519, y Carlos V, desde 1519 hasta 1556. Maximiliano I, que nació en

1459 y falleció en 1519, de la dinastía de los Habsburgo, fue rey de Roma en 1486 y emperador electo del Sacro Imperio Romano Germánico desde 1493 hasta su muerte. Unió a su dinastía las de España y Polonia. Su sucesor fue su nieto Carlos V, emperador desde 1519 hasta 1556. Heredero de los territorios de los Habsburgo (Austria, Borgoña, Bohemia y Hungría), de los reinos de España, de Nápoles, Sicilia y de la América hispánica. En 1519 los príncipes electores, corrompidos por el dinero de los Fugger, lo eligieron emperador alemán. Esa dinastía duró hasta el 1806, cuando fue derrotada por los ejércitos de Napoleón. Una de las formas de expansión de esta Casa era la política casamentera. Al permitir que se casaran los miembros de la familia real con los de otras dinastías reinantes, quedaba garantizada la expansión. Por cierto, esta era una práctica común entre los soberanos europeos. Por ejemplo, Don Pedro I, emperador de la dinastía Braganza, se casó con Doña Leopoldina, que pertenecía a la nobleza de Habsburgo. La única fuerza paralela en oposición a los Habsburgo, y que no conseguía superarla, era la dinastía de los Hohenzollern, que a su vez demandaba el poder imperial.

Cuando se habla de sucesión en este Imperio inmediatamente se la relaciona con una crisis. Había una verdadera pugna y competencia por conseguir la corona imperial. Por lo general, el que pagaba más se llevaba la corona. Se invertían miles de florines a fin de comprar el apoyo político, y siempre se presentaban candidatos. Con el fallecimiento del emperador Maximiliano litigaron por el cargo Carlos V (rey de España) y Enrique VIII (rey de Inglaterra) y el mismo rey Francisco I con sus pretensiones. Todos, a su vez, procuraban ganar apoyo para sus ambiciones imperiales, lo cual generaba muchos gastos. Para la elección de Carlos V, este emperador invirtió un millón de florines, dinero que tomó de la Casa bancaria de los Fugger. El propio Jacob Fugger recordó al emperador lo siguiente: «Es sabido, y no es necesario enfatizarlo, que vuestra Majestad no habría podido obtener la corona romana sin mi ayuda». Ese ejemplo revela por sí mismo el convenio de los emperadores con los banqueros de la época. También para la elección de Carlos V se tomaron algunas decisiones que revelaban el tipo de limitación política de la persona del Emperador: las decisiones principales no debían tomarse sin una consulta a los estados alemanes; el latín y el alemán debían ser las lenguas oficiales; se debía excluir a los extranjeros de los cargos imperiales alemanes; no se permitían tropas extranjeras en Alemania; y los recursos del imperio no debían usarse en favor de los intereses de la dinastía. Conforme a la perspectiva de Lutero, otro poder controlaba el Sacro Imperio: la curia romana. En una de sus principales obras, *A la nobleza cristiana de la nación alemana*, Lutero declara: «Permitid que el emperador alemán sea el emperador de forma genuina y libre, no dejando que su poder y su espada sean anulados por esos ciegos alegatos de papas hipócritas, como si estuvieran exentos de la espada y debieran gobernar por sobre todas las cosas».

El rey francés Francisco I, debido a sus pretensiones por el imperio, pagaba a mercenarios «protestantes» en sus guerras contra Carlos V, las que continuaron durante todo el gobierno de los Habsburgo. Al mismo tiempo en que se utilizaba a los «protestantes» en el conflicto contra Carlos V, se los perseguía en Francia. Por su parte, la iglesia estaba a favor del príncipe elector de Sajonia y protector de Lutero, Federico III, el Sabio. El Papa León X se esforzó para que el mencionado príncipe fuera el candidato al imperio, a fin de hacer frente a la Casa de los Habsburgo, y así evitar caer con toda su fuerza contra Lutero. Durante casi un año, Roma prefirió tener el favor del príncipe elector para impedir la elección de Carlos V, y de esta manera Lutero fue ganando gran resonancia.

La historia no puede decir «si hubiera sucedido tal cosa habría sido mejor». Veamos un ejemplo. Es común que alguien diga «si el Brasil no hubiera sido colonizado por los portugueses hoy estaría mejor». La realidad sería otra. Incluso mencionan que los Estados Unidos fueron colonizados por los ingleses. Sin embargo, pensar así es una gran equivocación. ¿Y qué de los países africanos que fueron colonizados por las grandes potencias europeas? ¿Cómo están hoy? Algunos países de América Central y del Sur también fueron colonizados por esas grandes naciones. Sea cual fuere el país que nos hubiera colonizado probablemente estaríamos en la misma situación, porque fuimos descubiertos para ser una colonia de exploración, distinta de las colonias de residencia ciudadana, que existen en la otra América.

Por tanto, no podemos pensar en la historia utilizando el condicional «si». Muchos preguntan: ¿Qué hubiera sido mejor para Lutero, que hubiese sido electo Francisco I de Francia, Enrique VIII de Inglaterra o Federico III de la dinastía Sajonia Ernestina? Sabemos que tanto Francia como Inglaterra no toleraban otra religión en sus tierras, porque estaban en un proceso de centralización política, y la religión se había convertido en oficial y ligada al Estado absolutista. En tales Estados no había tolerancia para ninguna oposición religiosa. Tanto en Francia como en Inglaterra miles de protestantes fueron perseguidos y muertos. Basta solo citar un ejemplo: cuando miles de hugonotes, llamados así a los protestantes franceses, murieron en la llamada matanza de la «Noche de San Bartolomé». El lema del estado absolutista francés era «Un rey, una ley, una fe». En cuanto al príncipe Federico, ¿acaso él mismo renunció a favor de Carlos V? ¿Tenía tanta autonomía para cuidar del «caso Lutero» como la que tuvo como príncipe de Sajonia? Así como Carlos V, tendría que involucrarse, en caso de que fuera elegido, con guerras sin fin contra Francia, por un lado, y por el otro contra la constante amenaza turca.

La historia no responde a los «si». Sin embargo, repetiremos lo dicho anteriormente: «Cuando se cumplió el plazo» ... Dios envió a Lutero.

En esta disputa por el poder, los principales banqueros europeos, los Fugger y los Welser, invertían a favor de sus aspiraciones y el pueblo era el que pagaba los préstamos. Las grandes fuerzas políticas del Imperio eran las Casas bancarias, principalmente la de los Fugger, que tenían oficinas en Roma, Cracovia, Amberes [la antigua Antuerpia] y Madrid. Eran los dueños de las minas de cobre de Hungría y de sal en Transilvania.

Por su parte, los banqueros Welser no se quedaron con menos. Se establecieron en Augsburgo y recibieron el derecho de explorar el territorio de Venezuela debido a las deudas de los Habsburgo. Tenían oficinas en Lisboa y en la India.

Conforme a lo mencionado anteriormente, la declaración de Jacob Fugger, reclamando la elección de Carlos V como emperador del Sacro Imperio, demuestra la negociación del gobernante con determinados grupos económicos, revelando también lo que motivaba la disputa por el poder imperial. Se sabe que, desde el siglo XIII, el emperador era electo por el voto de 7 príncipes electores. Estos podrían ser del clero o alemanes del ámbito secular. Los electores fueron los arzobispos de Maguncia, Tréveris y Colonia, el duque de Sajonia, el rey de Bohemia, el conde del Palatinado y el margrave de Brandeburgo. Las asambleas del Imperio, conocidas también como Dietas, estaban constituidas por un colegio independiente para la defensa de los intereses específicos de los territorios alemanes contra la administración imperial.

Para las elecciones, tanto del emperador como de los príncipes y los oficios eclesiásticos, era necesario hacer una gran inversión. Alberto de Maguncia, arzobispo de Magdeburgo, al presentarse como candidato para el arzobispado de Maguncia, necesitó que los Fugger adelantaran una importante inversión y que esos recursos fuesen pagados en Roma. Los Fugger tuvieron éxito en conseguir la publicación de una indulgencia, la cual consistía en la venta de un perdón temporal de la deuda ante

Dios a causa del pecado. La ganancia de la mencionada venta se destinaría «formalmente», según la expresión del historiador Martín Dreher, para la construcción de la Basílica de San Pedro. En realidad, ese préstamo se pagaría con el dinero obtenido de la venta de las indulgencias. La Casa bancaria, mediante un control del fraile dominico Juan Tetzel, predicador, inquisidor y vendedor de las indulgencias en Alemania, hacía los arreglos con Alberto en Roma. Es en este contexto que notamos el constante endeudamiento del Sacro Imperio con los banqueros de la época, debido a que ellos financiaron la invasión y conquista del Nuevo Mundo de la cual gozaron grandes beneficios y lucros. El propio oro llegado de Hispanoamérica no conseguía saldar sus grandes deudas. En ese contexto, Lutero hace la siguiente pregunta irónica: «¿Cómo es posible que, en un procedimiento legítimo y aprobado por Dios, un hombre [Jacob Fugger] se enriquezca tanto en tan poco tiempo, al punto de comprar reyes y emperadores?» Se sabe que el sobrino de Jacob Fugger, Antón Fugger, financió la expedición e invasión de los europeos para la conquista y colonización de América del Sur, México y la India, obteniendo lucros de hasta mil por ciento. En ese contexto de deudas, compromisos y convenios financieros con las Casas bancarias, el tema de las indulgencias resonaría como una bomba en la Alemania de Lutero. Y es aquí donde comenzaremos a tratar la segunda realidad experimentada por Lutero en su ambiente, Alemania.

La Alemania del siglo XVI

No podemos hacer una analogía entre la Alemania de Lutero y la de nuestros días. En realidad, no existía una sola Alemania sino varias. Mientras que las grandes naciones surgían en un proceso de centralización monárquica, donde la figura del rey era fortalecida en detrimento de los señores feudales, tales como Francia e Inglaterra, que buscaban lograr su independencia de Roma, en Alemania la situación era otra. Además, tal como en Europa central, el poder estaba descentralizado, prevaleciendo la política de las ciudades. Estas eran libres e independientes unas de las otras. Podemos constatar esta verdad en las palabras de Lutero: «¿Tiene sentido que las personas de Leipzig deban establecer leyes para nosotros que estamos en Wittenberg, o viceversa?» [De la autoridad secular]. Esas ciudades, increíblemente independizadas, eran distintas en varios aspectos, tanto en su extensión como por su importancia y su forma de gobierno: ducados, marqueses (señor o gobernador de una provincia fronteriza del Sacro Imperio Romano-Germánico), condados, arzobispados, obispados, abadías, ciudades libres y pequeñas áreas de caballeros del Imperio. El emperador Federico III permitía que los señores de los territorios, ya sean seculares o del clero, tales como príncipes electores o soberanos de menor importancia convivieran con relativa independencia en el Imperio. El propio emperador no podía hacer nada frente a los nobles alemanes. Las ciudades, cada vez más poderosas, se oponían al poder del Imperio. No debemos olvidar que las grandes y principales ciudades alemanas, representadas por sus príncipes electores, eran las que elegían al emperador. Sin embargo, los mismos príncipes electores no tenían poder sobre ellas. Solo se unían para pelear sus propias guerras. Por tanto, las ciudades eran centros de grandes tensiones. Los distintos grupos buscaban su espacio político en este cobertor de retazos que era Alemania. En realidad, el Sacro Imperio era el cobertor, mientras que Alemania era los retazos combinados que formaban este cobertor. Los príncipes y nobles respondían al Emperador electo por ellos mismos. El mismo emperador Carlos V, al igual que Herodes, era un intruso, extranjero, que hablaba francés y tenía más inclinación por España, del cual había sido rey antes de asumir el trono del Sacro Imperio. Ante esta situación, el Emperador ya no representaba una unidad, sino que los príncipes eran los verdaderos representantes del Imperio y del Emperador. Era evidente la dependencia económica que tenían los príncipes, sean católicos o reformados, hacia el Imperio porque necesitaban los recursos para sus enfrentamientos: ya sea la amenaza continua de una invasión turca o el incesante conflicto con una dinastía francesa que, incluso, pretendía apoderarse del trono.

En las ciudades había revueltas contra los príncipes y obispos. Para citar solo un ejemplo, en 1510 hubo una insurrección popular en Erfurt a causa del incremento de los impuestos de las autoridades tutelares de Maguncia y Sajonia. El magistrado (administrador municipal) fue depuesto. El elector de Sajonia Ducal comenzó a marchar con sus soldados y el 4 de agosto el edificio donde se desarrollaban los cursos de la universidad fue destruido en una lucha que involucró la participación de los estudiantes. Por su parte, los plebeyos, que estaban contra los patricios y los campesinos, ya no soportaban tantos impuestos y la explotación de los monopolios por parte de los propios gobernantes de la iglesia.

En el siglo XVI ni siquiera se podía trazar un mapa político de Alemania debido a que sus fronteras eran indefinidas. ¿Cuál era la capital de Alemania? No existía. Tampoco había un impuesto válido para todo el imperio, ni un ejército alemán permanente, ni una constitución. El emperador «romano» no era más que un soberano nominal, interesado en conservar su dinastía y su poder. Por esa razón promovía la «política de buena vecindad». Lutero, en su escrito, *Sobre la autoridad secular*, afirma: «Si el Emperador les quitara [refiriéndose a los príncipes] uno de sus castillos o ciudades, u ordenara cualquier otra cosa que no les pareciera justa, entonces los veríamos buscando razones por las cuales tendrían el derecho de resistir y de desobedecer al Emperador... Estos son los príncipes que gobiernan los territorios alemanes del Imperio.» Esa fue una de las condiciones históricas por la que Lutero no sucumbió como sus predecesores Jerónimo Savonarola, 1452-1498, un predicador dominico de Florencia muy influyente e impetuoso; Juan Huss, 1370-1414, que fue quemado vivo después de haber sido condenado como hereje; John Wycliff, 1320-1384, profesor de la universidad de Oxford, teólogo y reformador inglés; y muchos otros.

Wittenberg

Cuando se habla de las ciudades alemanas, no podemos dejar de mencionar a Wittenberg, aquella que fuera la cuna, centro y sede central de la reforma y de las luchas teológicas; la «Roma» protestante, una ciudad universitaria en la que Lutero vivió, estudió, trabajó, falleció y fue sepultado. Sabemos que en la tradición protestante no existe la peregrinación a las ciudades, que se volvieron referencias originales en sus historias. Sin embargo, para el catolicismo este no es el caso, porque tenemos la ciudad de Aparecida del Norte, en el estado de San Pablo; Juazeiro del Norte, en el estado de Ceará; la Ciudad del Vaticano; Santiago de Compostela; Tierra Santa; el Santo Sepulcro; sólo por citar algunos ejemplos. Estas ciudades se consideran centros atractivos, así como la Meca para el islam.

¿Y Wittenberg, la ciudad del reformador? Al entrar a la ciudad se respira a Lutero y a los reformadores a través de sus estatuas, museos, templos, panteones y otros. Aproximadamente 500 años después de la Reforma Protestante y del inicio de una nueva era, aún es posible sentir la atmósfera de esa época en las ciudades de Eisleben, donde Lutero nació, y de Wittenberg, donde vivió. Hay momentos especiales que mantienen viva la memoria de Lutero en esas ciudades, como la casa de su nacimiento, el monasterio donde vivió, o la iglesia en cuya puerta había clavado sus 95 Tesis y donde yace su cuerpo.

La ciudad actualmente está localizada en Sajonia Anhalt, con una población de algo más de 50 mil habitantes a comienzos del 2010. Para llegar a esa ciudad, el viajero recorre una ruta en medio de una hermosa floresta. Junto al camino hay una senda para bicicletas, lo cual es una costumbre saludable de los residentes, y hace que el viaje resulte muy agradable. Con razón esa ciudad atrae a más de 400 turistas al año. En la iglesia principal de la ciudad se encuentra la sepultura del reformador.

La Wittenberg de Lutero era muy diferente. Estaba localizada en Sajonia, región que luego fue divida en 1485 entre los dos hijos del príncipe elector Federico II, Ernesto (1441-1486, príncipe elector desde 1464) y Alberto (1443-1500), gobernante desde 1464. Mientras el primero gobernaba la Sajonia electora, el segundo gobernaba la Sajonia Ducal. Lutero, que era residente de la Sajonia electora, fue contemporáneo de los gobiernos de Federico III, el Sabio (1486-1525); de Juan el Constante (1525-1532) y de Juan Federico I (1532-1547).

En 1509 Lutero recibe la orden de su superior Johann von Stauptiz de ir a Wittenberg para ser docente de la cátedra de Filosofía y Moral. Lutero considera que se trata de una ciudad pobre, pequeña y sin importancia, pero en realidad era una aldea con una población de algo más de tres mil quinientos habitantes. Por eso la califica como pueblo ordinario, sin cultura ni deseos de prosperar. El reformador declara que: «La haraganería es grande en la ciudad y no se puede convencer a un pobre que debe trabajar; prefieren mendigar». La ciudad estaba localizada al margen del río Elba, «pequeña, fea, baja y compuesta de casitas de madera». El nombre Wittenberg, montaña blanca, se relacionaba con el tipo de terreno arenoso y pedregoso, donde la ciudad estaba asentada. Lutero residiría en el monasterio de Wittenberg y allí permanecería hasta el fin de sus días, siendo uno de los 22 profesores.

El príncipe Federico III decidió invertir en la ciudad a causa de sus rivales (la Sajonia de Ducal y Brandeburgo), construyendo un castillo, una iglesia de Todos los Santos y una universidad en 1502, cuyos profesores pertenecían al convento de los agustinos de la propia Wittenberg. Transformó la ciudad en un centro de reliquias religiosas, que contaba entre otras cosas con: huesos de los santos, partes de la zarza ardiente, leche de la virgen María, partes del pesebre y de la cruz de Jesús. El mismo príncipe tenía 17 mil reliquias. La razón de guardar tal cantidad era promover la ciudad, incentivar las peregrinaciones y, de este modo, aumentar los recursos.

Con la llegada de Lutero y otros renombrados profesores a la universidad todo comenzó a cambiar. En poco tiempo, Lutero se convirtió en un gran orador, cuyas palabras tenían mucho poder de persuasión. Tenía un timbre de voz delicado, suave, claro, firme, límpido y dulce, que conquistó los corazones. Era muy bueno tanto para el canto como para la oratoria. Según Philip Melanchthon, amigo y sucesor de Lutero, sus palabras surgían no de sus labios sino de su alma. Algunos son intérpretes, otros logicistas, otros oradores, pero Lutero era todo en todos. También Pedro Moselano, quien dirigió las sesiones en la disputa de Leipzig, afirmó: «Su voz era clara y melodiosa. En las conversaciones, Lutero poseía un caudal abundante de temas que dominaba, una capacidad fecunda de pensamientos y palabras a su disposición. En él nada había de estoico o arrogante, y entendía bien cómo adaptarse a las personas y a los tiempos. En sociedad era vivaz y agradable. Siempre se mostraba renovado, contento y a gusto, y de semblante agradable por más duras que fueran las amenazas de sus enemigos, de modo que uno no podía dejar de creer que el cielo estaba con él al desarrollar su gran obra».

Lutero promovió una reforma en la universidad debilitando el predominio de la filosofía de Aristóteles, de la teología escolástica y del Derecho canónico. Puso a la Biblia como el centro del estudio teológico, incorporando el estudio de las lenguas bíblicas (hebreo y griego) y del latín. En su época la universidad alcanzó gran auge, siendo él uno de los mejores profesores. La universidad contaba con más de 2.000 estudiantes, entre los cuales el 15% era extranjero. Recuerde que la ciudad de Wittenberg apenas tenía una población de 3.500 personas.

De este hombre, el teólogo Paul Tillich dijo: «El único que realizó una verdadera transformación y que cambió la faz de la tierra fue Martín Lutero». Acerca de esta persona reflexionaremos, habiendo vivido 62 años de edad, tres meses y 18 días, pero que transcendió este efímero tiempo. Como dijo su contemporáneo Luis Vaz de Camões [o Camoens], en *Los Lusíadas*, Canto I: «Y aquellos, que por obras valerosas [dignas] de la ley de la muerte se van librando».

Segunda Parte

Vida

Lutero, el hombre

En primer lugar, presentaremos algunos aspectos de la vida de Lutero, es decir, a Lutero como ser humano. Hablaremos acerca de su nombre, su nacimiento, su familia, su matrimonio, sus obras y las curiosidades que envuelven a este religioso que vivió intensamente en el siglo XVI.

Según algunos analistas de la teología bíblica, Dios se revela a través de la historia. Solamente el tiempo nos ayuda a entender lo que Dios estaba realizando. Muchas veces el ser humano no puede percibir en el presente el accionar de Dios y si Él obra a través de la historia. No debemos olvidar que la historia es un proceso continuo. El propio Lutero, al comentar sus tesis que argumentó en Leipzig, declaró que «el tiempo presente juzga mal; mejor será el juicio futuro». Al presentar la vida de Lutero como una obra de Dios podemos encontrar varias contradicciones. Solo el tiempo podrá revelar la importancia de los acontecimientos ocurridos durante los años de vida de Lutero. Él mismo dijo: «Lo que Dios hace solamente lo podremos comprender después de que realice su obra». Tal como dijera Jesús a sus discípulos: «Lo que yo hago, tú no lo comprendes ahora, pero lo entenderás después» (Jn 13:7).

Una vida moldeada

Recuerdo cuando era niño cuán sorprendido quedaba al contemplar la torta que mi madre había preparado. Imaginaba cómo habría hecho ese «agujero» en el medio... ¿Y las curvas? Todo tan perfecto y parejo. Me acuerdo cuando pasaba la mano sobre la torta ya cocida, y me preguntaba cómo podía hacerla tan perfecta. Hoy sé que la masa blanda pre-cocida se coloca en un molde con forma de torta. Y listo. Solo ponerla en el horno y el milagro del «todo perfecto» ocurría. ¡El secreto estaba en el molde!

Pienso acerca de la personalidad, el temperamento y el carácter de Lutero, y cómo era como persona. ¿Por qué era así? ¿Por qué tan exigente consigo mismo? ¿Por qué quería que todo le saliera «perfecto»? Creo que Lutero era lo que hoy se conoce como *perfeccionista*. Y que fue el resultado, así como nosotros, de toda una vida moldeada a través de los años. Ya dijimos que «nacemos originales y nos convertimos en copias». A lo largo de los años la educación, la lectura, y las informaciones o consejos que recibimos marcan nuestra vida y se acumulan en nuestro caudal psíquico; el resultado es lo que somos hoy. Somos como un imán que atrae a otros. El apóstol Pablo dice que estamos «llenos de su conocimiento» [de Cristo]. Esas palabras aluden a las buenas influencias que recibimos de Cristo. Hay un adagio popular que dice: «Dime con quién andas y te diré quién eres».

¡Así sucedió con Lutero! Toda su vida estuvo marcada por hechos, acontecimientos y situaciones inusitadas que contribuyeron a que se convirtiera en un gran hombre. Por supuesto que no daremos una palabra final como explicación definitiva, sino que ciertamente estos acontecimientos «escribieron» en la «página en blanco» de la psique de Lutero. ¿Qué pensó el reformador cuando se enteró de que Cardano, influyente médico, matemático y filósofo italiano, que consideró que el 10 de noviembre de 1483, fecha del nacimiento de Lutero, estaba bajo una constelación astrológica mala? Incluso había amenazado que acabaría con el hereje. Es sabido que incluso Lutero hubiera preferido nacer un año después. ¡Nunca faltaban las profecías asociadas a su vida!

¿Y su familia? Hijo de padres pobres, no se avergonzaba de su origen social: «Soy hijo de campesinos; mi padre, mi madre, mi abuelo y mis antepasados eran verdaderos campesinos». Declaró que sus padres eran muy pobres al principio y que su madre, para poder criarlos, tuvo que recoger leña y cargarla sobre sus hombros. Tenían una vida en extremo dura. En sus primeros años atravesó una situación económica difícil. En Eisenach, donde vivió por un buen tiempo, cantaba y pedía monedas por los caminos y, de cierta manera, tuvo algo de éxito.

Además de cantar y pedir, tuvo una crianza muy a la antigua, bastante severa. Se cuenta que cierta vez el padre de Lutero lo castigó tan rudamente que el niño tuvo que huir de él y le guardó resentimiento. En una ocasión, por haber comido una nuez sin autorización de su madre, ella lo castigó «hasta hacerlo sangrar». «Mis padres fueron muy severos conmigo, por lo cual me volví tímido», afirmó. Con el paso del tiempo Lutero supo comprender la postura de su padre y lo perdonó. En una ocasión dijo que sus padres solamente querían su bien, pero no sabían discernir los espíritus y se habían excedido en sus castigos. Su padre Hans, al comentar la decisión de su hijo de ingresar al monasterio, incluso contra su voluntad, dijo a los frailes: «Y ustedes, hijos de otros, ¿nunca han oído que las Santas Escrituras mandan que los hijos deben honrar a su padre y a su madre? Oren a Dios para que la tranquilidad y la paz de la cual habláis no venga a ser engañosas mentiras del Príncipe del mal.» La buena relación entre padre e hijo surgió recién en 1526 con el nacimiento del primer nieto (el hijo de Lutero), que recibió el nombre de Hans. Aunque Lutero y su padre ya se habían reconciliado, éste nunca aceptó la decisión de Lutero de entrar al convento.

Es probable que una imagen de un padre exigente, severo y autoritario haya contribuido al surgimiento de este tipo de dios en la psiquis de Lutero. Según Freud, la idea de Dios se basa en las relaciones que un hijo establece en una fase muy tierna o inicial de la evolución del *ser*, a partir de sus primeros vínculos con la figura materna y paterna. ¿Podría haber sucedido eso con Lutero? ¡Probablemente sí! También en ese contexto es oportuno el análisis que el sicoterapeuta Tilmman Moser hace acerca del «envenenamiento de Dios» en nosotros. Se trata de un proceso largo y, por tanto, es muy difícil liberarnos de él. Muchas veces nos imaginamos, de forma consiente o no, a un Dios vengativo, exigente, distante y otras formas tergiversadas que en nada se parecen al Dios revelado en las Escrituras, a quien Jesús llama Padre.

Su formación educativa estaba adaptada a la cultura de la época. Las correcciones mediante la utilización de la vara eran constantes. Cierta vez, en una sola mañana, recibió quince golpes de vara del profesor por no dominar las reglas de la gramática latina. Los alumnos no preparados eran obligados a exhibir una imagen de un burro, y así eran tratados, castigo que hoy llamamos *bullying* [hostigamiento o maltrato escolar]. En esa época, el currículo escolar no era amplio, porque se enseñaba principalmente a leer, a escribir y a conocer el latín, lengua de la iglesia, del comercio y de la vida pública. Al recordar su propia vida como estudiante, Lutero sugería a los concejales de las ciudades que se incluyeran materias como historia, geografía y matemática.

También hubo un acontecimiento que ciertamente marcó de forma indeleble la vida de Lutero. Se trata de la insurrección que la población revolucionada promovió en Erfurt en el año 1510. Los documentos de la época, informa Funck-Bretano, lo denominaron «el año loco». La población enardecida contra la administración municipal promovió la destrucción del edificio de la Universidad... y Lutero se encontraba en la ciudad. ¿Acaso no sería este el origen de la postura de Lutero en la terrible revuelta campesina ocurrida 15 años más tarde?

Por su parte la iglesia no lo permitiría. Esta, además de no corresponder a los anhelos espirituales de los fieles, contribuía al ahondamiento de las crisis existenciales de los cristianos. En lugar de poseer un mensaje libertador, transmitía uno opresor. La salvación, el principal tema y preocupación de la época, estaba condicionada a «hacer algo». Se presentaba a Cristo bajo las características de un juez distante y exigente. El culto a los santos, la adoración de las imágenes, las indulgencias y las peregrinaciones eran cuestiones sin las cuales no se aplacaría la justicia o ira de Dios sobre el pecador. La virgen María y los santos eran los intermediarios insustituibles para acercarse a Dios. Una de las formas de obtener el perdón de los pecados, no solamente en esta vida sino también en la venidera, era la venta de indulgencias (o perdón de los pecados), autorizados por la Curia, que iban entre 1 y 25 florines para las personas con mejores ingresos económicos. Un florín equivalía al costo de vida de una semana para una sola persona. Lo que molestaba a Lutero era el comercio insensato de las indulgencias, que incluía hasta una lista de precios tales como: príncipes, 25 florines; prelados y barones, 10 florines; burgueses con buenas finanzas, 6 florines; los de menor ingreso financiero, 1 florín; los pobres, medio o un cuarto de florín por indulgencia. Incluso se decía que las mujeres podían conseguir indulgencias contra la voluntad de sus propios maridos. La confesión era una práctica común para calmar una mente cautiva. Lutero, que habitualmente se confesaba con su consejero Staupitz, oyó de él la siguiente declaración:

> ¿Quieres estar sin pecado y no tienes pecados verdaderos? Cristo es el medio para el perdón de los pecados verdaderos, como asesinar a los padres, blasfemar públicamente, despreciar a Dios, cometer adulterio, etc., y estos son los pecados verdaderos. Tienes que llevar un registro, en el cual escribas

> los pecados verdaderos, en caso de que Cristo te deba ayudar; no debes andar por ahí preocupado por las malas obras y pecados menores, ni considerando cada pedo un pecado.

En otras palabras, vaya y mate a su madre o padre, o cometa adulterio y después venga a confesarse.

La iglesia estableció que el niño a partir de los siete años debía confesarse, porque ya estaba en una «edad en la que era responsable por sus actos». Lea con atención la confesión y, de inmediato, saque su conclusión acerca de los efectos de ella.

¿Crees en la magia? ¿Amas más a tus padres que a Dios? ¿Alguna vez no te arrodillaste con las dos rodillas o no te quitaste el sombrero durante la celebración de la comunión? Esos son pecados contra el primer Mandamiento.

> ¿Cortaste madera, hiciste una trampa para aves, saliste de la misa o de los sermones, o bailaste un domingo o el día de los santos? Esos son pecados contra el tercer Mandamiento. ¿Has tirado pelotas de nieve o piedras contra las personas? ¿Has sido cruel con las gallinas o los patos? ¿Mataste al emperador con un hacha doble? [Una pregunta tramposa para ver si el niño estaba prestando atención]. Esos son pecados contra el quinto Mandamiento.

Estos ejemplos señalan que ciertamente la personalidad del reformador fue marcada de manera indeleble. Probablemente encontramos en estos escasos ejemplos el origen y la formación de una crisis existencial: los negociados para la adquisición de los cargos; la inmoralidad que existía desde el Papa hasta el párroco; el comercio inapropiado de las indulgencias y demás. Quisimos que el gran filósofo humanista Erasmo de Rotterdam (1466-1536), contemporáneo y crítico de Lutero, nos hable algo a través de su obra *Elogio de la locura*, impreso en 1511. En este libro, Erasmo cuestiona, mediante un estilo profundamente irónico, a toda la sociedad europea. En su crítica a la indulgencia, declara:

> Tantos juramentos falsos, tantas impurezas, tantas borracheras, tantas luchas, tantos asesinatos, tantas falsedades, tantas traiciones, en resumen, todos los delitos se rediman con un poco de dinero, de tal manera que el que los comete juzga que puede volver a cometer toda clase de maldades.

Con respecto a los sermones del clero, señala:

> Vaya a escuchar un sermón, y notará que cuando el cacareador (Oh, ¡qué ultraje! Me confundí, discúlpeme), quería decir, cuando el predicador trata el asunto con seriedad y se basa en argumentos el público duerme, bosteza, tose, se limpia la nariz, relaja el cuerpo, está totalmente alicaído.

Con relación a los papas, Lutero declaró:

> Me gustaría saber, sin embargo, si habría para la iglesia enemigos más perniciosos que esos pontífices impíos, los cuales, en lugar de predicar a Jesucristo, dejan su nombre en el olvido y lo vinculan con leyes lucrativas, tergiversan su doctrina con interpretaciones forzadas y, finalmente, la socavan con ejemplos pestilentes.

Lutero, al escribirle a Erasmo en su famosa polémica sobre el tema del libre albedrio, afirmó en *La libertad cautiva* que: «Los papas te perdonan esas monstruosidades y las toleran porque escribes contra Lutero. De lo contrario, si Lutero estuviese ausente y tú escribieras tales cosas, ellos te herirían con sus dientes.»

Así que Erasmo no solamente fue considerado un hereje sino incluso perseguido por la misma iglesia, debido a su oposición al reformador.

Sin embargo, hay que señalar algunos hechos positivos en la vida de Lutero que, ciertamente influenciaron efectivamente en el corazón del joven reformador. El primer ejemplo fue haber vivido en la ciudad de Magdeburgo, donde estudió en una escuela denominada *Hermanos de la vida común*. Se trataba de una comunidad fundada por Gerardo Groot, nacido en 1340, en Holanda. Podemos afirmar que ese movimiento era, como algunos otros, algo independiente de la religión oficial, pero sin desvincularse de esta, debido principalmente al concepto de la iglesia prevalente a mediados y a fines de la Edad Media. Esta comunidad surgió en el siglo XIV y se dedicó a la predicación del arrepentimiento, la educación y la producción literaria. Predicaban con fervor la justificación por la fe, y la necesidad de una vida pura y consagrada a Dios. Sin dudas consideraban positivo el movimiento de la reforma, sin embargo, no se comprometían. Se dedicaban principalmente a la enseñanza y al servicio de la colectividad. En lugar de abrir escuelas, preferían servir como maestros en las escuelas ya existentes, con el fin de ofrecer una educación cristiana. De entre ellos salieron grandes figuras como Tomás de Kempis, Juan Wessel, Johannes Agrícola, Erasmo y otros. Fue como un refrigerio para el alma y corazón de Lutero durante casi un año encontrar en esa escuela los fundamentos de su futura teología, porque enaltecían la imitación de Jesucristo, la humildad, el examen de consciencia, la censura fraterna, la lectura de la Biblia, la oración, como también la piedad y la compasión por el Cristo sufriente. Además, la escuela de los *Hermanos de la vida común* proponía la renovación de la pedagogía, hecho defendido posteriormente por Lutero, inclusive en las universidades. Según algunos autores (H. Stroel), el primer contacto de Lutero con ellos habría sido en esta época, porque los Hermanos de la vida común pregonaban el libro, que podía ser consultado en las salas de los copistas. Sin embargo, muchas leyendas surgieron acerca de la vida de Lutero y es probable que esa sea una de ellas.

Otra experiencia bastante positiva para la formación psicológica y espiritual de Lutero fue su relación con las familias de Úrsula Cotta y su hermano Schalbe, que se caracterizó por una espiritualidad franciscana y fervor por la cultura. Sabemos que Lutero de adolescente cantaba juntamente con otros amigos en frente de las casas o al lado de las ventanas de las personas pudientes a cambio de algo de dinero, con el propósito de ayudar con los gastos de la casa. Eso era algo común en la Alemania del siglo XVI. En una de esas casas, el joven Lutero conoció a Cotta, quien a su vez quedó encantada con su voz. Con el tiempo, la confianza creció en el corazón de la señora de la casa, que invitó a Lutero a que cenara con ella y su esposo, Conrado Cotta, hombre ilustre de la ciudad. Estos le hicieron regalos. Y Lutero les regaló sus lindos acordes emanados de su voz de tenor. De esta manera nació una amistad sincera entre ambos. Años más tarde, después de la muerte de Cotta en 1511, Lutero recibió en su casa y en su mesa a un hijo de Cotta, en calidad de estudiante en Wittenberg. Según algunos, Lutero habría escrito en su Biblia, en el libro de Proverbios, una declaración que había aprendido de Úrsula Cotta: «Nada hay más dulce sobre la tierra que el corazón de una mujer cuando alguien es bastante feliz para obtenerlo».

Sin embargo, lo más importante fue la vida de este hombre, independientemente de sus crisis existenciales. Más allá de todos los problemas que experimentó, supo disfrutar, superarlos y vivir intensamente. Extrajo de su propia vida lecciones no solamente para sí mismo sino también para su prójimo. Aprendió también que su propio dolor no podría ser transferido al dolor de los demás. Una de las pruebas que supo discernir fue que lo experimentado como hijo no debía aplicarlo a su prole. Aprendió a amar y a cuidar con longanimidad a sus hijos al punto de ser reprochado por su esposa Catalina para que fuera más firme con ellos. Fue este hombre, con todas las vicisitudes, que experimentó a través de su vida, quien contribuyó a cambiar el propio curso de la civilización occidental.

Examinemos ahora algunos aspectos de su vida.

Desde su nacimiento hasta su entrada al convento

Lutero nació en Eisleben, Alemania, el 10 de noviembre de 1483, siendo el hijo primogénito de Hans Luder y Margaret Luder. Conocemos más detalles de la vida de Lutero a partir del año 1517, cuando su nombre comenzó a ser reconocido en toda Alemania y Europa, que sobre su infancia y adolescencia. Las informaciones son pocas y no solo de sus primeros años de existencia sino también de sus primeros años en el convento. Además, sus biógrafos difieren en diversas informaciones acerca de su vida y hechos que hoy son históricos, porque no hay documentación que lo certifique, comenzando por su fecha de nacimiento y su consagración al sacerdocio. En relación con su nacimiento, la mayoría de los biógrafos optan por el año 1483, conforme a la información provista por Melanchton que a su vez se basó en el testimonio de Santiago [Jacob], hermano del reformador. Según lo registrado: «Su hermano Jacob, hombre honrado y digno de confianza, me aseguró que, en opinión unánime de la familia, Martín había nacido en el año 1483». También el incidente del rayo que provocó que Lutero se hiciera monje hoy se pone en dudas. Existen diferencias sobre la época en la que el reformador tocó la Biblia por primera vez. Diversas informaciones que tenemos vienen del propio Lutero, en fechas muy posteriores a lo ocurrido y, en algunos casos, tomadas de las *Conversaciones en la mesa*, que era una compilación de anotaciones hechas por alumnos y colaboradores de Lutero durante reuniones informales.

También los primeros escritos acerca de él fueron presentados de manera prejuiciosa, parcial e incluso tergiversada. Hacia el final de su vida, en 1545, presentó un resumen o una especie de retrospectiva en la que destacaba sus experiencias en algunas de las introducciones de sus obras. Creemos convincente la declaración de Lucien Febvre en 1927, al afirmar que debemos dejar «de lado tantas conjeturas, que no pasan de ser solo conjeturas, y tantas opciones y decisiones que no pasan de ser solo opciones y decisiones por preferencias, y dirigir nuestros esfuerzos hacia lo que es esencial».

«Se sabe que he sido bautizado el 11 de noviembre y que recibí el nombre de Martín en honor del santo del día: Martín de Tours, un gran impulsor de la cristianización de Europa». En este punto ambos «Martín» coinciden. Otra vez, Melanchton nos cuenta que Margareth Luder «acostumbraba decir que recordaba bien el día y la hora en que el hecho ocurrió, pero que no estaba segura del año».

Para tratar de ser lo más didácticos posibles, presentaremos en líneas generales algunas etapas de la vida de Lutero, desde su nacimiento hasta su ingreso al convento agustino.

Mansfeld

Siempre será una fuente de inspiración hablar sobre la vida de este hombre que andaba el camino, aunque no tenía idea al comienzo la dirección del plan que Dios había trazado para él. Muchas veces somos el objetivo de Dios y solamente el tiempo nos revelará en plenitud sus designios. Bajezid Bostani, un místico musulmán, declaró que durante 25 años buscó a Dios, y al final de esos años comprendió que era Dios el que lo buscaba a él. Eso es lo que ocurrió con el propio Lutero y sus conflictos. Su vida era un mar de agitación interna en una búsqueda desenfrenada por agradar a Dios, incluso hasta el agotamiento, cuando en cierta ocasión, invadido de un gran temor, se retiró a un cuarto contiguo donde se dejó caer en una cama mientras repetía reiteradamente versículos de las Escrituras. Melanchton afirma que, al ingresar a la vida del monasterio, Lutero se esforzó por alcanzar la búsqueda de la verdadera piedad. Staupitz había dicho que no era Dios el que estaba en conflicto con él, más bien el propio Lutero lo estaba con Dios. Y, en este camino por obtener la paz con Dios, Lutero tendría que recorrer un extenso camino. La búsqueda de Lutero fue la del propio Dios. Y al encontrar a Dios, o al ser encontrado por Dios, se abrieron las puertas del paraíso en su vida.

En este «camino a Damasco» en la vida de Lutero, siendo todavía jovencito, sus padres se mudaron a Mansfield. Hans no era el hijo menor, y como tal no tenía derecho a la herencia en la propiedad de su padre. Así como Abraham, él también tuvo que «cavar un pozo» para dar «agua a su familia». Emigró al condado de Mansfeld en la búsqueda de mejores condiciones de vida para el sustento de su familia, y permaneció allí hasta 1496/7, desde los cinco años de edad hasta los trece, cuando se matriculó en la Escuela Municipal. El condado de Mansfeld era el mayor y el más importante de todos, y por esta razón fue llamado Alemania. Región muy rica en minerales, como el cobre y la plata. Por tanto, no fue difícil para el padre de Lutero formar grupos pequeños de obreros para extraer y fundir los minerales en hornos pequeños. A raíz de esa labor la familia comenzó a mejorar su economía en Mansfeld. La matriculación de Martín en la universidad de Erfurt, objetivo de su padre Hans, era simplemente una cuestión de tiempo. Con el surgimiento de los Luder, Hans se convirtió en el concejal del condado que estaba gobernado por dos hermanos condes. Fue en ese conflicto, que duró años, que posteriormente en la década de 1540 se dirigió a la región en el intento de apaciguar la pelea. Allí adquirió nociones de latín, canto y las expresiones principales de la fe: los Diez Mandamientos, el Padrenuestro, el Ave María y el Credo. Lutero registró la rigidez de la educación que en verdad formaba parte del método de estudio de la época. Es en ese contexto en Mansfeld que sintió un bálsamo en su educación siendo adolescente. Luego de concluir sus estudios en la mencionada Escuela Municipal, su padre Hans lo envió a Magdeburgo. Fue un periodo breve, no mayor a un año, donde convivió con los demás en la *Escuela de los Hermanos de la Vida Común*. Allí sin dudas tuvo la experiencia espiritual más profunda de su religiosidad. La pedagogía de la «varalogia», es decir, una educación asociada al castigo con varas, había llegado a su fin en la Escuela Municipal. En la Escuela de los Hermanos de la Vida Común la situación era otra y Lutero quedo impresionado por el ejemplo de renuncia, caridad y piedad de sus maestros. Él era un adolescente de 14 años de edad y pasó por una experiencia que marcó su vida. Fue allí que Lutero tuvo contacto con la Biblia por primera vez. También su permanencia entre ellos le proveyó nuevas experiencias espirituales que seguramente marcaron la personalidad del joven Lutero. En esa época también era común que niños y adolescentes cantaran en las casas de familias ricas, y además Lutero lo hacía para ayudar a pagar los gastos de sus estudios.

Luego de su experiencia con los Hermanos, el padre de Lutero lo envió a Eisenach donde el viejo Hans tenía numerosos conocidos. Para ese entonces Lutero tenía 15 años de edad.

Eisenach

Ahora entraremos a una nueva fase del andar turbulento del joven y futuro reformador, la cual se extendió hasta 1501. En Eisenach Lutero mantuvo contacto con la *Vía Moderna*, el nominalismo de los occamistas [Guillermo de Occam], que luego influenciaría su pensamiento teológico. Fueron tres años de intensa actividad estudiantil. Se matriculó e ingresó en la que en ese entonces era conocida como la escuela de Trivio, porque allí se estudiaban tres disciplinas básicas: gramática, retórica y dialéctica. Contaba con el apoyo de su tío abuelo, que era un sacristán de la iglesia. Pero al no tener tiempo para ayudar al joven estudiante, este continuó cantando para los ricos de la ciudad. Fue en una de esas ocasiones que conoció a Úrsula Cotta.

Con aproximadamente 18 años de edad, y habiendo mejorado sus finanzas, Lutero fue enviado a Erfurt.

La Universidad de Erfurt

En el verano de 1501 llegó a Erfurt, siguiendo los deseos de su padre de que obtuviera un bachillerato en Derecho. Erfurt era un importante territorio que estaba compuesto por 76 aldeas, dividas en siete distritos, faltándole poco para convertirse en un principado. Tenía una población de 40.000 habitantes y contaba con una universidad muy famosa. Era una metrópolis que contrastaba con la Wittenberg de Lutero. En la universidad predominaba una corriente nominalista conocida también como *Vía Moderna*. El humanismo era muy fuerte en esa universidad, incluso había suplantado a la teología. En Erfurt había también una ciudad dentro de la ciudad, que era una especie de municipio donde residía la aristocracia eclesiástica, que comía y bebía de lo mejor. En los días de la Reforma el pueblo invadió el municipio, cazando a los «súper padres». La ciudad tenía más de 90 iglesias y capillas, y 36 monasterios y conventos. La brecha social era grande, porque los prelados no podían ser juzgados por los tribunales seculares. Solamente la iglesia podía juzgar a los religiosos, incluso cuando hubiesen cometido robo, adulterio o también asesinatos. Frente a este cuadro social nada sabemos de Lutero, aunque sin duda no participaba de ello, porque si hubiera obrado de esa manera sus opositores durante la Reforma habrían usado esos malos informes en contra él.

Asistió a la universidad de Erfurt, la que principalmente lo apoyó a él y a su movimiento.

Era práctica del alumno universitario que, al ingresar a formarse en las carreras de derecho, teología o medicina, cursara primero por dos años el estudio de las artes liberales, que era una especie de Facultad de Filosofía. Durante tres años Lutero cursó en la Facultad de Artes. En ese tiempo estudió el conocimiento de la época, conocido como cuadrivio, que incluía geometría, aritmética, música y astronomía. También participó de los cursos de ética y metafísica. En 1502 recibió el título de Bachillerato en Artes, conocido hoy como Bachillerato en Filosofía. Y salió decimotercero entre los cincuenta y siete candidatos. En 1505, un 7 de enero, a los 22 años de edad, Lutero recibió su Maestría en Artes, esta vez obteniendo el segundo lugar. Y en 1512 obtuvo el título de Doctor. Todo lo que Lutero se proponía lo hacía con dedicación. Su padre, orgulloso de su hijo, comenzó a llamarlo de «usted», dejando de lado el «tú», y le regaló una valiosa obra *Corpus Iuris* [Cuerpo de Derecho civil], anticipando a su hijo en la práctica como abogado, secretario y consejero de príncipes. Según la visión del padre las cosas funcionaban conforme a su propósito. Sin embargo, Dios tenía otros planes. Los colegas de Lutero lo trataban de filósofo, porque ya mostraba su inclinación por las letras. Con esa base de estudio tenía tres opciones: seguir medicina, teología o derecho. Y él escogió Derecho, influenciado por los deseos de su padre.

En el tiempo en que el reformador estudiaba en Erfurt, el temor a la muerte era algo generalizado. Por eso Felipe Melanchton escribió: «Palidecíamos a la simple mención del nombre de Cristo, porque se lo presentaba como un juez severo, irritado contra nosotros. Nos decían que, en el juicio final, Dios nos pediría cuentas de nuestros pecados, de nuestras penitencias, de nuestras obras. Y, debido a que no podíamos arrepentirnos lo sufriente, ni hacer obras suficientes, no nos quedaba otra sino el terror o el pavor de su ira...» Lutero vivió en el tiempo de la Peste negra, cuando la muerte estaba siempre latente.

A mediados de 1505, con 22 años de edad, Lutero avisó a la universidad que visitaría a su padre. Esa visita sería de tan solo unos días. El 17 de julio, ya de vuelta en Erfurt, reunió a sus amigos en la pequeña sala del internado universitario, y les comunicó que renunciaba al estudio de Derecho y que ingresaría al convento agustino. Lutero estudió Derecho solo por aproximadamente tres meses. Al día siguiente, en busca de paz interior, ingresó al Convento de los Agustinos Ermitaños de Erfurt.

¿A qué se debió este cambio repentino? He aquí algunas de las posibilidades: 1) El miedo a la muerte: uno de sus amigos había fallecido trágicamente. 2) Lutero casi muere en una de sus visitas a sus padres en junio. 3) Dos de sus hermanos habían muerto a causa de la peste negra que había devastado a Europa. 4) Existían rumores de que el propio Lutero estaba sufriendo, sin dudas como víctima de la peste que había asolado a Europa. 5) Un día, al regresar a su casa, fue sorprendido por una gran tempestad y le hizo la promesa a Santa Ana, patrona de los mineros, de que entraría al convento si lo salvaba de esa situación. El ingreso de Lutero al convento fue su manera de buscar una reconciliación con Dios.

Sin quedarle a Hans otra alternativa, ante la determinación de su hijo, y contra su voluntad ingresó al convento, y así acabó su sueño de tener un hijo abogado.

Lutero optó por la orden de los Agustinos debido a la seriedad y el rigor de sus reglas, las cuales seguía al pie de la letra con total sumisión. Posteriormente dijo: «Verdaderamente fui un fraile piadoso y seguí las reglas de mi orden con más severidad de lo que se pueda decir. Si alguna vez hubiere un fraile que entrara en los cielos por su espíritu frailesco, yo sería uno de ellos.»

El Fraile en el convento

A los 22 años de edad, el lunes 17 de julio de 1505 a la mañana, el Convento de los Agustinos Ermitaños recibía al que sería aquel que dividiría la historia del cristianismo moderno o, en la expresión de Melanchton, el «apóstol Pablo de los tiempos modernos»: Martín Lutero. Varias leyendas y vaticinios se dijeron acerca de él. Juan Huss, al ser quemado en la hoguera de la inquisición en 1415, dijo en voz alta al verdugo: «Vais a asar a un ganso (el nombre Huss significa «ganso» en lengua Bohemia). Sin embargo, dentro de un siglo surgirá un cisne que no podrán asar ni hervir.»

Martín Pollich de Melrichstadt, rector de la Universidad de Wittenberg en 1509, afirmó sobre Lutero: «Ese monje desconcertará a todos los doctores, formulará una nueva doctrina y reformará la iglesia. Él se basa en las obras de los profetas y de los apóstoles; se ciñe a la palabra de Cristo; y ni la filosofía, ni la sofística, ni los Albertinos, ni los Tomistas lograrán impedirlo». El fraile Johannes Hilten había «quedado congelado», es decir, sin realizar ninguna actividad, porque predijo que en el año 1516 se produciría una gran transformación y sería el fin del mundo. Más adelante, se asoció esa predicción con la Reforma emprendida por Lutero, equivocándose por un año.

Acompañemos a Lutero en su «nueva vida», tal como él lo creía. Seguirlo nos mostrará a un Lutero religioso, sujeto a normas y reglas en su intento de agradar a Dios, con una «conciencia cautiva» a los dictados de sus superiores. No era una vida inspiradora sino de sufrimiento a causa de la pesadumbre que sentía porque sus anhelos espirituales no eran atendidos. Semejante al joven del Evangelio de Lucas, que buscaba a Jesús para saber qué debía hacer para entrar al reino de los cielos, Lutero consideraba que por «hacer» algo para Dios sería aceptado. Creía que solo la práctica de las «buenas obras» era suficiente. Tuvieron que pasar algunos años para que el reformador adquiriera una comprensión bíblica reveladora acerca de lo que implicaban las buenas obras para Dios. Aproximadamente 20 años después, mientras escribía acerca de este tema, apartado y centrado en la vida del monasterio de Erfurt, en 1520, descubrió que lo «fundamental» de las buenas obras era «creer en Cristo». Los judíos le preguntaron a Jesús: «¿Qué debemos hacer para poner en práctica las obras de Dios» Lutero recordó las palabras del Maestro: «Ésta es la obra de Dios, que creáis en aquel que él ha enviado» (Jn 6:28-29). Porque en esta obra, deduce Lutero, es necesario que todas las obras se realicen.

No tenemos mucha información acerca de esta etapa de su vida. Lo que sabemos proviene de sus propios colegas y del mismo Lutero, aunque con cierta cautela, pero sin dejar de criticar la postura de la Curia por el tratamiento a veces inhumano que recibió de ellos. Tenemos también informaciones a través de la obra *Conversaciones en la mesa*, aunque sabemos que deben ser consideradas con cautela porque había tergiversaciones sobre lo que Lutero había dicho. Martín Dreher nos da un ejemplo claro, en el cual Johannes Goldschmied publicó sus observaciones poco después de la muerte de Lutero, apelando a la vulgaridad.

Cuando Lutero ingresó al convento de Erfurt, éste no estaba pasando por su mejor momento, como también todos los demás monasterios. Había perdido la importancia que tenía en sus orígenes. Los tiempos habían cambiado. Las ciudades habían crecido. Y los cambios acontecidos en los siglos XV y XVI se reflejaban en esa institución. La nueva clase burguesa comenzó a ganar importancia y la ciencia a avanzar rápidamente. Surgieron el Humanismo y el Renacimiento. Especialmente en el siglo XVI surgió un nuevo modelo económico, el capitalismo. Las ciudades se expandían y todo eso contribuyó a que los nuevos valores comenzaran a cobrar fuerza. En los propios conventos se hablaba de reforma. Para algunos, la vida en los conventos estaba en contraposición con la historia. Lutero no pensaba así cuando optó por llevar una vida religiosa. La vida en el convento para él fue de obediencia, trabajo y oración. Cumplía con todas sus obligaciones y hasta incluso de manera exagerada. Gradualmente se fue ganando la confianza de todos, ya que al principio lo consideraban como un novato intelectual, educado y sin preparación para el oficio. Y él demostró lo contrario, aun ante los desafíos. Incluso su padre comenzó a tratarlo de «tú», lo cual no ocurría desde su licenciatura y su Maestría en Artes. Lutero continuaba firme en su propósito de agradar a Dios en busca de la salvación. Su vida se basaba en la obediencia, la pobreza, la castidad, el separarse del mundo y las oraciones.

Fue atravesando las distintas etapas dentro del convento, siendo notoria su evolución, pudiendo salir airoso de todas ellas. Al entrar en la categoría de postulante lo enviaron a las aldeas para mendigar a favor de la Orden. Dentro de esa actividad, para poder avanzar, muchas veces se probaba su vocación. Después de dos meses fue declarado novicio, y en un año pasó a la condición de hermano, haciendo votos solemnes de obediencia perpetua. Después de ser considerado hermano, recibió la instrucción para prepararse para la ordenación como sacerdote. Fue ordenado, respectivamente, como subdiácono, diácono y sacerdote el 7 de julio de 1507, según Lucien Febvre con tanta dedicación que sus superiores lo llamaban «el segundo Pablo». Al ser ordenado padre escogió 21 santos a los cuales dedicó una veneración particular. Y, desde su ordenación, cada día invocaba a tres de ellos.

Su vida en el monasterio fue de renuncia y reclusión total. El silencio gobernaba las relaciones y la conducta diaria. Siempre se debía mirar al suelo. Se tomaba la copa con ambas manos. No se conversaba durante las comidas, y solamente se oía la lectura de la vida de los santos y de los textos piadosos. Se levantaban a las dos de la mañana, y la primera comida era al medio día. Los que residían en el monasterio no podían recibir visitas.

La comunicación era solo mediante señas. Todo era observado por los superiores. Además, Lutero también era observado por Staupitz, su consejero y pastor. Se levantaba por la noche a rezar unas siete u ocho veces, lo cual hacía las 24 horas del día. En cada una de esas ocasiones repetía 25 padrenuestros y 25 avemarías, sin contar otros rezos igualmente numerosos. Se confesaba por lo menos una vez por semana y oía la absolución: «Te absuelvo por los méritos de nuestro señor Jesucristo, de la Virgen María y de todos los santos de nuestra orden». La confesión de Lutero era minuciosa y repetitiva.

Como era de esperarse, la vida del nuevo monje estaba llena de actividades a medida que el tiempo pasaba y sus responsabilidades aumentaban. Alberto Greiner nos informa acerca del extracto de una carta escrita a su amigo Lange, en octubre de 1516.

> Necesitaría dos secretarios, porque por las mañanas todo lo que hago es escribir cartas. Predico en el convento; soy capellán en la mesa; me llaman cada día para predicar en la parroquia; soy director de estudios y vicario de la orden, lo que equivale a ser once veces pastor; administro las guarderías de Leitzkau y los bienes de los monjes de Torgou; dicto conferencias sobre San Pablo y sobre todos los Salmos. ¡Y toda esta correspondencia que me roba la mayor parte de mí tiempo...! ¡Así que puedes ver lo perezoso que soy!

Sus propios colegas del convento muchas veces lo criticaban por su exceso de celo. Leía de manera impulsiva. Entre los pensadores de gran influencia para él se destacan: Agustín de Hipona, Guillermo de Ockham, Gabriel Biel, San Bernardo de Claraval, Pedro D'Ailly y Nicolás de Lira.

También en el monasterio Lutero aprendió a tocar el laúd y el órgano, siendo la música su segunda actividad de preferencia después de la teología. La música fue realmente muy importante en su vida. Le gustaba el ritmo, que hoy podríamos identificar como la música popular. Principalmente después de la Reforma se cantaban sus himnos en las calles, acompañados de mucha danza y alegría. Posteriormente supo aplicar sus dotes musicales a las iglesias de la Reforma, y el «pueblo» cantaba sus himnos en todas partes.

El «Padre» Staupitz

Durante su vida en el convento, con sus dramas, crisis, avances, desafíos, trabajos, sumisión, obediencia y todo lo que ella exigía de un monje en su búsqueda de Dios, Lutero se encontró y relacionó con el que contribuyó a su avance espiritual y que fue su gran descubridor: Johann Von Staupitz. ¿Quién era Staupitz? Aunque sería mejor preguntarnos: ¿Quién fue Staupitz para Lutero? ¿Existiría un Lutero sin un Staupitz? ¿Habría continuado Lutero en su reclusión sin su consejero? Tal como Pablo, Lutero tuvo también su propio «Gamaliel». Así era Staupitz para Lutero. Hablaba a su corazón mediante un lenguaje de amor y una devoción completamente fraternal. Al despedirse de Lutero lo dejaba calmado, relajado y consolado, aunque por un tiempo, porque Lutero necesitaba encontrar por sí mismo el Camino. Acerca de ese gran amigo, el reformador admitió al final de sus días: «Si no reverenciase a Staupitz sería un asno condenable, ingrato, papista... porque él me trajo la luz de Cristo. Si Staupitz no me hubiese ayudado, yo habría sido tragado y lanzado al infierno.» Este noble sajón nació en Montterwitz en 1469, habiendo enseñado sus primeros años en el Convento de Erfurt y posteriormente presentado a Lutero. El convento agustino de Erfurt fue reorganizado por André Proles con una disciplina más severa, característica de los agustinos. Por lo menos a grandes rasgos, había dos grupos entre los agustinos: los «observantes», que eran los más comprometidos, y los «conventuales», más liberales y numerosos. Lutero fue parte del primer grupo y, al llegar, al convento lo pusieron bajo la dirección del profesor Staupitz, vicario general de la Orden de San Agustín, sustituto de Proles. Pocos años después Lutero fue como representante de su Orden en la tentativa de calmar ese conflicto. Según estudios de la época, el doctor Staupitz tenía un espíritu de valor único, de pensamiento y carácter superiores. Estudió en Colonia y Leipzig, convirtiéndose en agustino en Múnich en el año 1490 y, al crearse la Universidad, fue elegido decano de la Facultad de Teología. A partir del 1500, convertido ya en doctor en Biblia, fue convocado por el príncipe Federico III para ser el primer Decano de la recién fundada Facultad de Wittenberg. A partir de ese momento la relación entre Staupitz y Lutero se volvió más estrecha, porque fue transferido del convento de Erfurt al de Wittenberg, por orden de su paternal amigo y Vicario General.

Sin importar donde Lutero se encontrara, ya sea en Erfurt o Wittenberg, su búsqueda de Dios estaba vinculada a una crisis, la cual, a partir del siglo XX, comenzó a recibir un abordaje médico, psicológico y psicoanalítico. Marc Lienhard, notable especialista en el estudio de Lutero, presentó el abordaje de algunos estudiosos desde esa perspectiva, tales como P.J. Reiter que enumeró diferentes enfermedades que padecía Lutero, especialmente la que consideró una sicosis. El temor que había experimentado en la relación con su padre marcó profundamente toda su vida, profundizando su depresión. Aunque Reiter no negaba el genio creador de Lutero, intentaba «[...] explicar todo mediante causas psicopatológicas». Entonces Lienhard abordó la obra del sicoanalista E. H. Erikson, quien identificó el drama de Lutero como una crisis de identidad. El conflicto con su padre había producido un *déficit* en la identidad del reformador, que no conseguiría satisfacer con su entrada al convento. Lutero no podía experimentar una relación íntima ni con el padre ni con el mismo Dios. Por tanto, el concepto occamista de un Dios arbitrario acrecentó el temor en Lutero. Posteriormente Marc Lienhard presentó un análisis del profesor R. Dalbiez, quien trata de explicar la «psicogénesis de las doctrinas que colocaban a Lutero en una irreductible oposición al dogma católico», por medio de la cual el reformador habría formulado tres teorías no católicas acerca de sí: la culpabilidad necesaria, la justificación extrínseca, y la fe especial. Esta explicación fue contestada por otros estudiosos, como Y. Congar y D. Olivier.

Cualesquiera que hayan sido las explicaciones psíquicas sobre el drama interior de Lutero no podemos separarlas de su a época. A fines de la Edad Media, el medieval Johan Huizinga citó un poema de Jean Meschinote que caracteriza bien ese periodo:

> ¡Oh vida miserable y triste! ...
> ¡Sufrimos la guerra, la muerte y el hambre!
> Frío y calor, el día y la noche consume nuestras fuerzas: las pulgas, la sarna y tantos otros gusanos.
> Nos hacen la guerra. En resumen, ten piedad, Señor.
> De nuestros cuerpos indignos, cuya vida es tan breve.

En este breve texto se debe considerar el drama vivido principalmente por los pobres, sin excluir a los demás grupos sociales.

La Edad Media, incluso en su final, continuaba con una imagen religiosa de ángeles, demonios, santas, santos, seres fantásticos, hadas y dragones. Huizinga informa que se reflejaba en los poemas, las crónicas, los sermones e incluso en los documentos legales una «melancolía tenebrosa». Era habitual considerar el sufrimiento y la miseria como señales de la decadencia y la cercanía del fin del mundo. En esa época se decía que el soltero era feliz, porque el casado cuando tenía una mala mujer era infeliz y cuando tenía una mujer buena siempre temía perderla.

El pesimismo gobernaba la sociedad europea de la Alta Edad Media. Erasmo de Rotterdam, el más reconocido de los humanistas con respecto al pesimismo medieval, deseaba rejuvenecer algunos años por creer que en un futuro cercano llegaría la «edad de oro». El mismo Lutero ya había vaticinado el final de los tiempos para 1560. Se encontraba viviendo entre fines de la edad medieval y el inicio de los tiempos modernos. Era el mundo de las transformaciones y las crisis en todos los sentidos. Un mundo que clamaba por su salvación, y la iglesia presentaba una salida a través del «haga y será salvo». La teología de las buenas obras. Sin embargo, incluso en esta cuestión no había un consenso. La cuestión de la justificación del ser humano ante Dios no estaba completamente definida. Se discutía en repetidas ocasiones, pero no se llegaba a un objetivo. Lutero no quería una respuesta académica sino una experiencia de vida. No solamente para él sino para cada persona. Él mismo había dicho que de nada aprendemos excepto a través de la experiencia. Afirmó también que ninguno de sus grandes influyentes y pensadores pudo darle una respuesta a sus preguntas. Sus crisis eran sistemáticas y existenciales. Al escuchar las confesiones de los penitentes no osaba levantar sus ojos hacia ellos, temiendo los deseos que podrían despertar justo en el momento de la confesión. Posteriormente confesó: «Durante los quince años que fui fraile me martiricé, me torturé con ayunos, pasé frío y una vida de austeridad».

Lutero reflejaba en sí mismo los conceptos medievales y vigentes de sus días. Por ejemplo, en relación con la penitencia repetía las enseñanzas de Pedro Lombardo y de Santo Tomás de Aquino, que se dividían en tres partes: *el arrepentimiento, la confesión, y la satisfacción*. En cuanto a las dos primeras, las indulgencias no las eliminaban. A través de las indulgencias se cumplía la satisfacción. Esta, a su vez, se subdividía en tres partes: *orar*, *ayunar* y *dar limosnas*. La *oración* comprende las obras propias del alma, como leer, meditar, oír la palabra de Dios, predicar, enseñar y cosas semejantes. El *ayuno* incluye todas las obras de la mortificación de la carne, como hacer vigilias, trabajos, dormir en un lecho duro, usar túnicas ásperas, y otras. Y dar limosnas abarca todas las obras de amor y misericordia para con el prójimo. Ese era uno de los dramas que Lutero experimentaba en su búsqueda de estar en paz con Dios. Realizaba todas esas obras, pero sin satisfacción. Todo aprendizaje comienza por la propia experiencia. Aprendemos cuando sacamos nuestras propias conclusiones. Una pregunta crucial que Lutero se hacía a sí mismo era: «¿Cómo puedo llegar a un Dios misericordioso?» Durante gran parte de su vida, trató de aplicar un concepto medieval tardío de «Al que hace todo lo que está a su alcance Dios le da gracia». Por eso Lutero necesitaba hacer, hacer, hacer.

Un ejemplo de ello sucedió en 1519, en ocasión de la enfermedad de su protector, el príncipe Federico III. A pedido de Jorge Espalatino, Lutero escribió al príncipe para animarlo. Creemos que sus palabras reflejan también una situación vivida por él anteriormente.

> Esto es cierto y verdadero, quiera o no la persona creerlo: No puede haber en el ser humano un sufrimiento tan grande que sea peor que los males que están dentro de sí mismo. Los males que hay dentro de él son mucho más numerosos y mayores que las dolencias que siente. Porque si sintiera [todo] su mal, sentiría al mismo infierno, porque tendría al infierno dentro de sí.

Necesitamos volver a aquel que, ciertamente, percibió el único camino por el cual Lutero encontraría el «Camino, la verdad y la vida». Sí, Staupitz. De nada servía que argumentara, lo aconsejara o lo llevara a considerar. Ya había concluido y dicho al joven Lutero que nada podía hacer para consolarlo. Sabía que este debía encontrar sus propias respuestas en medio de las crisis. Para Lutero su «camino a Damasco» comenzó con Staupitz, principalmente en Wittenberg. Ciertamente este percibió el vacío en el alma del joven monje, y vio más allá de sus conflictos un corazón sincero, honesto y con sed de Dios. Comprendió que no había «una receta lista» para este monje. Lutero debía encontrar su propio camino. Staupitz comprendió también las excepcionales cualidades del joven que acababa de ingresar a su Orden y no dejó de prestarle atención especial, lo cual Lutero siempre consideró y recordó fielmente. Todo su esfuerzo debía dirigirse a una fe genuina en Cristo. De esta manera pensaba y obraba Staupitz en relación con el religioso Lutero.

Sin duda alguna, aquí tenemos la providencia divina. El joven novicio fue confiado a la vigilancia y dirección de un religioso de la estirpe de Staupitz. Un hombre de bien, un verdadero cristiano, según lo calificara el propio Lutero después de haber vuelto a la vida secular. Todo trabajo que el doctor Staupitz realizó con el monje fue con el fin de orientarlo hacia lo esencial, es decir, hacia Cristo y no hacia una institución. Todo esfuerzo de Lutero debía ser usado en descansar en Dios. El vicario general deseaba indicarle la dirección y dejar que el mismo Lutero trillara su camino solo y descubriera la verdad que tanto deseaba.

Al principio, Staupitz le señaló el camino en el estudio de las Escrituras, incluso que fuese a las *ad fontes*, es decir, a las mismas Escrituras. Como superior a Lutero, siempre lo incentivaba o guiaba a que leyese la Palabra y continuara sus estudios teológicos. Por eso obtuvo una licenciatura en Biblia, y una maestría y doctorado en teología. Con respecto a sus cursos, en especial el de doctorado, Lutero admitió agradecido:

> Fui llamado y, aunque con vergüenza, queriendo o no, a convertirme en Doctor, por pura obediencia. Después tuve que aceptar el oficio de Doctor, y hacer votos de predicar y

> enseñar con fidelidad y pureza mis muy queridas Sagradas Escrituras. Obtuve el grado de Doctor en octubre de 1512 en la Universidad de Wittenberg, un mes antes de cumplir los 29 años de edad. En ese entonces ya me había mudado definitivamente de Erfurt a Wittenberg a fin de prepararme para el doctorado, en obediencia a mi providencial Staupitz. Mi doctorado duró poco más de un año. Pero, entre mi licenciatura en teología, en marzo de 1509 y la obtención del grado de doctor, pasaron tres años y medio. Aunque lo conseguí no por decisión propia, hoy agradezco mucho la preparación y el título de doctor. Gracias al cual mis opositores ya no pueden llamarme «don nadie».

Fue una conquista, también por indicación de Staupitz, que Lutero fuera profesor en Wittenberg, función que desempeñó hasta el fin de sus días. Creemos que es importante incluir un testimonio sobre el profesor Lutero que dio uno de sus alumnos, además de, por supuesto, conocer un poco del Lutero hombre.

> Lutero era un hombre de mediana estatura, con una voz que combinaba perspicacia y suavidad; el tono era suave; y la enunciación de sílabas, palabras y oraciones era perspicaz. No hablaba ni muy rápido ni muy lento. Tenía un ritmo uniforme, sin dudar y muy claro, y en un orden tan apropiado que cada parte continuaba naturalmente a lo que había dicho antes… Sus conferencias nunca contenían nada que no fuese expresivo o relevante. Y quisiera agregar algo respecto del espíritu del hombre: Si hasta los más terribles enemigos del evangelio estuviesen entre sus oyentes habrían confesado, por la fuerza de lo que habían oído, que habían atestiguado no a un hombre sino a un espíritu, porque él no podría haber enseñado cosas tan maravillosas por sí mismo sino únicamente por la influencia de un espíritu bueno o malo.

Tampoco le faltaron dotes como predicador. Vicente Themudo Lessa lo presenta con una elocuencia sin igual. Imaginación, palabras fluidas, magnetismo personal, tono apasionado y emoción religiosa. A eso se sumaba la sencillez de la predicación y la virtud que tanto recomendaba. Su figura estaba llena de expresión, de aire noble; y una voz pura y sonora completaban el cuadro. Agrega además que la fama de Lutero se extendió al punto de que el propio elector Federico, el Sabio, «dispuso un día para oírlo».

Hasta donde podía, el «padre» siempre intervenía. Y una de esas intervenciones se produjo en Erfurt el 2 de mayo de 1507, cuando Lutero celebró su primera misa. Mientras consagraba la hostia y el vino, la noción de la santidad absoluta de Dios y su propia pecaminosidad lo sobrecogieron con tal intensidad en su espíritu que estuvo dispuesto a huir del altar. Fue en ese momento cuando apareció Staupitz y lo retuvo.

Una de las crisis de Lutero tuvo relación con la predestinación. Según testimonios posteriores, fue principalmente Staupitz el que apaciguó sus inquietudes acerca de la predestinación. Al intervenir una vez más trajo al alma inquieta del monje el bálsamo necesario para esa vida en conflicto, aconsejándole que sería mejor que no pensara en sus inquietudes, sino que se acercara a las heridas de Cristo y pusiera a Cristo ante sus ojos. «Así», dijo el vicario general, «la predestinación ya está obrando, porque Dios ya destinó a su hijo a sufrir en favor de los pecadores».

Ciertamente, lo que marcó profundamente el corazón y el alma de Lutero y, consecuentemente, el proceso de su doctrina liberadora, fue la afirmación de Staupitz al decir que «el verdadero arrepentimiento comienza con el amor a la justicia y a Dios». El propio Lutero habló acerca de esa experiencia, relatando en su obra *Explicaciones del debate* dirigida al Papa León X, en 1518, el valor de las indulgencias. En esta obra ya se delineaba el Lutero luterano. Habló acerca de la indulgencia y la penitencia desde una perspectiva reformista. La persona humana y coherente de Lutero son visibles en la introducción al texto cuando le escribe a su «padre» Staupitz. Habla de su deseo de exceptuarlo de su postura teológica reformadora, al afirmar que no quería vincular a Staupitz con él en el peligro; sino que deseaba hacer esto únicamente bajo su propio riesgo. Entonces comenzó su reconocimiento con una contundente afirmación de Staupitz:

> Recuerdo, reverendo padre que, en medio de tus saludos y agradables conversaciones, con las cuales el señor Jesús suele consolarme maravillosamente, escuché algunas veces la mención de la palabra penitencia. Ahí, al conmiserarnos de muchas conciencias y de aquellos verdugos que, con infinitos e insoportables preceptos, enseñaban [como se dice] una manera de confesarse, te recibíamos como si hablases del cielo, [diciendo] que solamente es penitencia verdadera la que comienza con el amor y la justicia a Dios, y que lo que aquellos consideran el fin de una consumación de la penitencia es, en primer lugar, el principio de ella.

No estamos afirmando que estas simples y pequeñas reflexiones han sido causa del descubrimiento de Lutero. ¡No! Sin embargo, a medida que evolucionaban sus reflexiones se abrían para él «las puertas del paraíso», y esa afirmación ganaba cada vez más espacio en su teología. La teología de Lutero fue un proceso que, probablemente, habría comenzado entre 1513 y 1518. Las opiniones difieren en cuanto a si existió un año específico, tal como 1514 ó 1518. Pero, ¿por qué se habla del periodo de 1513 a 1518? Posiblemente porque a través de sus cursos seguía su liberación. Entre 1513 y 1515 dio sus conferencias sobre los Salmos; de 1515 a 1516, sobre la Epístola a los Romanos;

de 1515 a 1516, sobre la Epístola a los Gálatas; y en 1517 sobre Hebreos; y de 1518 a 1519, otra vez los Salmos.

La amistad de Staupitz con Lutero habría de llegar a su final. Lutero era un contendiente en su búsqueda de la verdad. Rompía paradigmas. Su personalidad era fuerte y no se doblegaba con facilidad. Una conciliación de opiniones para Lutero no se producía sin dificultades... y muchas veces no sucedía. Para Lutero, la verdad debía hablarse y aplicarse doliera a quien le doliese. Sin dudas, Staupitz no llamaría al Papa «tonto», «estúpido vulgar» o «porquería». Afirmó que, si el turco era el diablo, el Papa era el anticristo. Por el contrario, Staupitz era más conservador, moderado e incluso muy cauteloso cuando era necesario decidir en medio de una crisis. Lo nuevo podía ser peligroso y no valía la pena arriesgarse. Así pensaba él. Su visión no era inmediata. Era la visión de aquellos que avanzan hasta cierto punto y no más que eso. Deseaba que se produjeran cambios, pero no en las estructuras. Las cosas debían suceder de manera natural. Su fuerte era aconsejar e interpretar, pero transformar era otra cosa. En la encrucijada de la vida uno tiene que optar. El momento crucial llegó en ocasión de la Dieta de Augsburgo en 1518. Durante esta Asamblea del Imperio había rumores de que tanto Lutero como Staupitz, por determinación de Roma, serían apresados. En ese mismo año, el Papa había decretado tres órdenes: en la primera ordenaba la prisión de Lutero; en la segunda, pedía al príncipe Federico III que le entregara al «hijo de perdición» al cardenal Cayetano; y en la tercera, ordenaba que se encadenaran los pies y las manos de los superiores agustinos y se los metiera en prisión. Ante este cuadro, Staupitz, incluso sospechoso de herejía y tratando de defender a Lutero hasta donde le fuera posible, lo liberó del voto de obediencia y salió de prisa de Augsburgo. Aquel que había guiado a Lutero a la fe en Cristo no consiguió romper con la estructura y dominación de la Curia romana y permaneció vinculado a la iglesia católica. Lutero lamentó la gran pérdida. Nada se podía hacer. Dos años después, el «padre» Staupitz renunció al cargo de Vicario General de la Orden Agustina, y se convirtió en predicador de la corte del cardenal y arzobispo Mateo Lange en Salzburgo, y abad del convento benedictino de San Pedro. Falleció el 28 de diciembre de 1524.

¡El discípulo (como se caracterizó a sí mismo Lutero) era más osado que el maestro!

Con o sin Staupitz, no se sabe con exactitud el momento de la mirada de Lutero hacia el «paraíso». Los eruditos se atienen a su propio testimonio ya al final de su vida, en el 1545, un año antes de morir, cuando Lutero habló basándose en su memoria ya adormecida por los años:

> Allí empecé a comprender la justicia de Dios, como una justicia por la cual el justo vive por la dádiva de Dios, o sea, por la fe. Comencé a entender que el sentido es el siguiente: A través del Evangelio se revela la justicia de Dios, esto es, la benevolencia por la cual un Dios misericordioso nos justifica por medio de la fe; como está escrito: «El justo, por la fe vivirá». Entonces me sentí como un nacido de nuevo, y entré por las puertas abiertas del mismo paraíso. Entonces toda la Escritura se me reveló en una fase completamente diferente. Fui revisando la Escritura en la medida en que la conocía de memoria, y también en otras palabras encontré las verdades de forma análoga. «Obra de Dios» significa la obra que Dios opera en nosotros, poder de Dios, por el cual Dios nos hace poderosos; «sabiduría de Dios», por la cual nos hace sabios. Lo mismo se aplica para «fortaleza de Dios», «salvación de Dios» y «gloria de Dios».

Sin embargo, hasta que llegar a este punto muchas aguas correrían en la vida de Lutero, incluido el matrimonio.

Matrimonio y familia

El casamiento de Lutero con la ex monja Catalina de Bora se produjo en 1525. Después de algunos años de resistencia, inclusive con la oposición de varios de sus amigos, incluido el maestro Felipe Melanchton, finalmente Lutero encontró a su ayuda idónea. El refrán: «Al lado de un gran hombre existe una gran mujer», se había cumplido cabalmente. Catalina era un complemento perfecto para él. El segundo paso más importante para una persona es escoger con quién vivirá el resto de sus días, porque el primer paso es el reconocimiento del señorío de Cristo. Lutero, al casarse había cumplido esos dos pasos. En 1520 había registrado en *La nobleza cristiana de la nación alemana*, al hablar acerca de la mejoría del estado cristiano, su posición con respecto al matrimonio de los sacerdotes. Luego de describir el fundamento de las Escrituras que lo respaldaba, citando principalmente al apóstol Pablo, argumentó que, debido a las persecuciones y contienda contra los herejes, muchos santos, que eran sacerdotes, habían renunciado voluntariamente al matrimonio para poder «estudiar mejor, y estar dispuestos a morir y a luchar a cualquier hora». Más tarde la Sede Romana «intervino» prohibiendo el casamiento a los sacerdotes. «¿Qué haremos en este caso?», preguntó, y él mismo se respondió: «Aconsejo que se permita nuevamente el libre juicio de cada uno de casarse o no, según lo crea conveniente».

Acerca de la cuestión de los votos de celibato, en la obra *La vida matrimonial*, Lutero aclara que:

> No te dejes engañar, aunque hubieras hecho diez juramentos, votos, contratos o incluso promesas de hierro o diamante. Así como no puedes hacer votos de querer ser hombre o mujer, y si lo haces sería una locura y no tendría valor humano, porque no puedes hacerte diferente, tampoco tiene sen-

> tido prometer que no quieres reproducirte o multiplicarte, en caso de que no te encuentres en algunos de esos tres grupos. [Lutero se refería a los que nacieron castrados, fueron castrados o serían castrados por amor del Reino].

Era muy conocida en la época la situación de muchos sacerdotes que, por no poder casarse, mantenían relaciones con prostitutas y a causa de eso tuvieron varios hijos. Un religioso describe su propio dilema, con estas palabras:

> No puedo quedarme sin esposa. Si no se me permite tener una esposa estoy obligado a llevar una vida públicamente vergonzosa, que perjudica mi alma y mi honor, y conduce a otras personas, que son ofendidas con mi actitud, a la condenación. ¿Cómo podré predicar acerca de la castidad y la falta de castidad, del adulterio y de la depravación, si mi propia prostituta asiste abiertamente a mi iglesia y mis bastarditos se sientan en primera fila? ¿Cómo podré rezar en la misa en ese estado?

En la obra *A la nobleza cristiana de la nación alemana*, Lutero comenta ese hecho con una declaración: «Notamos también cómo decayeron los sacerdotes y cómo más de un padre pobre, sobrecargado a causa de la manutención de su mujer e hijos, tiene la conciencia pesada y nadie hace nada para ayudarlo, aunque sería perfectamente posible hacerlo». Tenemos también el caso de tres sacerdotes que contrajeron matrimonio, aunque bajo mucha persecución, porque el celibato estaba incorporado a la ley del Imperio, y este hecho generó tanta polémica al punto de que fueron juzgados. Bajo presión, el Elector Federico refirió el caso a una comisión de juristas para que tomaran la decisión... Uno de ellos fue alumno de Lutero.

De la misma forma podemos preguntarnos: ¿Y qué de Lutero? ¿Aprueba el casamiento de sacerdotes, la anulación del voto de castidad o celibato, pero continua célibe? ¿Predica, enseña y no lo practica? Los comentarios comenzaron a desarrollarse ante la incongruencia del reformador, porque tenía un discurso que no armonizaba con su propia vida. Varios reformadores contrajeron matrimonio. ¿Y usted Lutero? ¿Acaso no va a decidirse? El propio Karlsdadt [más conocido como Carlstadt] dio el ejemplo al casarse en 1522. Su amigo Justus Jonas también contrajo matrimonio. Las monjas que él había recibido como refugiadas, una tras otra, se casaron. El propio Lutero promovía y organizaba el casamiento de ellas. Como en una avalancha se producían los casamientos entre los reformadores. ¿Y qué de Lutero? Había mucho temor de parte de sus compañeros de que si se casaba podría perjudicar el progreso del movimiento reformador. Otros consideraban que, además de provocarle un daño a la reforma, probaría una franqueza deplorable. Lutero ya tenía 42 años de edad. Y realmente no pensaba casarse.

En noviembre de 1524, hablando acerca del tema de la familia, dijo: «Según lo que he sentido hasta el momento, y todavía continúo sintiendo, no creo que me case.»

También escribió a Spalatino: «No es que no sienta lo que me dicta mi carne o que no tenga deseos sexuales; no estoy hecho de madera ni de piedra; pero mi espíritu no se inclina hacia el casamiento, ya que espero diariamente la muerte y el suplicio debido a los herejes». Sin embargo, en la misma carta escribió: «Estoy en las manos de Dios, como una criatura cuyo corazón Él puede cambiar y volver a cambiar, que Él puede matar o mantener con vida a cualquier hora y en cualquier minuto».

Seis meses después de esta carta, Lutero «cambió» de parecer. El 13 de junio de 1525 se casó con una de las nueve monjas que pidieron abrigo en su convento: Catalina de Bora. Cuando se hablaba del nombre de la nueva esposa surgió inmediatamente la broma de que Lutero habría dicho: «¡Catalina, vámonos de aquí!»

La ceremonia fue simple, con la presencia de dos pastores: Johannes Bugenhagen y Justus Jonas, un jurista, el profesor Appel y unos pocos amigos. Melanchthon no apareció porque al principio estaba en contra. Con respecto al casamiento del reformador, el historiador luterano Martín Dreher nos informa que Justus Jonas escribió al día siguiente: «Lutero tomó a Catalina de Bora por esposa. Estuve presente ayer y vi a la pareja acostada en el lecho conyugal. No me pude contener y derramé lágrimas ante tal escena.» Tal vez el episodio relatado por Justus Jonas nos resulte extraño. Sin embargo, era costumbre de la época que los testigos acompañaran a los recién casados hasta el cuarto donde la pareja tendría su noche nupcial. Dos semanas después, los recién casados ofrecieron un almuerzo al que asistió el padre de Lutero y fue recibido de nuevo con gracia. Lutero volvió a ser su hijo amado. Sus amigos colaboraron enviando alimentos a la fiesta.

La oposición habló mucho sobre el casamiento de Lutero. Buscaban encontrar alguna discordancia en su vida para desmoralizarlo. Sus oponentes lo vigilaban las 24 horas. Por esta razón, podemos concluir que si Lutero hubiese cometido alguna falla ciertamente sus adversarios lo habrían divulgado a los cuatro vientos. El mismo Erasmo de Rotterdam había dicho que el casamiento se realizó de prisa porque la novia estaba embarazada. Ese hecho no fue probado porque el primer hijo de la pareja nació un año después del casamiento. Existía en esa época una creencia que afirmaba que del matrimonio de un padre con una monja nacería el anticristo. Al asociarse esa creencia con su matrimonio, Lutero respondió que si de la relación íntima entre un padre una la monja nacía un anticristo entonces toda Europa estaría llena de anticristos.

Quedó comprobado en los años sucesivos que Catalina fue una bendición para Lutero y viceversa. La pareja tuvo seis hijos: Hans, el primogénito que nació en 1526; estudió derecho y se convirtió en un jurista en la ciudad de Weimar; y falleció a los 50 años de edad. En diciembre de 1527 nació Elizabeth, pero falleció a los ocho meses, probablemente a causa del Krupp (laringitis aguda o la peste que asolara Wittenberg entre el 1527 y el 1535). En mayo de 1529 vino al mundo Magdalena, que también falleció, a los 13 años de edad, en brazos de su padre el 20 de setiembre de 1542. Se cree que la causa de su muerte fue leucemia. El tercer hijo nació en noviembre de 1531, en la víspera del aniversario de Lutero, y recibió el nombre de su padre, Martín; estudió teología, pero no se convirtió en pastor. En 1533 nació Paul, que estudió medicina y practicó la profesión como médico de las familias de varios príncipes de Brandemburgo. La sexta y última, Margarita, nació en 1534; recibió su nombre en homenaje a la madre de Lutero.

La educación que los hijos recibieron no reflejaba la de los padres de Lutero o de Catalina. Lutero no practicó con sus hijos el tipo de educación que había recibido de su padre, sino que consideró la educación de sus hijos con seriedad y mucho amor. «Quisiera, más bien, tener un hijo muerto que un hijo mal educado». Tuvo tiempo para escribir fábulas y reunir proverbios que se conservan hasta hoy. Se distraía en la compañía de sus hijos, dando paseos por los jardines o jugando a la pelota con ellos. Era práctica de los progenitores orar con sus hijos mientras crecían, enseñarles los Diez Mandamientos, el Credo, el Padrenuestro y un Salmo. Cuando se sentaban a la mesa con la esposa y los hijos, los estudiantes, los huéspedes o con quien estuviera de visita, estudiaban la Palabra. La carta que escribió a su hijo Hans, cuando este tenía cinco años de edad, es inspiradora y reveladora de su cuidado, cariño y amor paterno.

Carta a su hijo Hans en 1505

«Gracia y paz en Cristo, hijo mío. Estoy feliz de saber que estás estudiando diligentemente y diciendo tus oraciones fielmente.

Continua así, querido hijo. Cuando vuelvas a casa te traeré un lindo regalo. Conozco un jardín, agradable y fascinante, lleno de niños que visten chaquetas doradas, y recogen hermosas manzanas bajo los árboles y peras, cerezas, y ciruelas ambarinas y amarillas. Ellos juegan y saltan y siempre están felices. Tienen caballos con riendas de oro y sillas de montar de plata. Entonces pregunté al dueño del jardín quiénes eran esos niños, y él me respondió: "Estos son niños que gustan de orar, adorar, estudiar y son muy buenos". Entonces dije al hombre: "Apreciado señor, tengo un hijo cuyo nombre es Hans Lutero. ¿Es posible que él también pueda venir a este jardín para comer de estas bellas manzanas y peras, montar en los caballos y jugar con los niños?" Y el hombre me respondió: "Por supuesto que puede, siempre y cuando le guste orar, estudiar mucho y ser un buen niño". Felipe y Justy también pueden venir con él y tendrán muchos silbatos, tambores y flautas, y pueden danzar y usar el arco para tirar las flechas". Después, el hombre me mostró un hermoso césped verde en el jardín, preparado para que danzaran allí, y donde había también silbatos, flautas, tambores y arcos de plata que pendían de los árboles alrededor. Pero todavía era temprano; los niños todavía no habían terminado de comer y yo no podía esperar para verlos danzar. Entonces, dije al hombre: "Apreciado señor, necesito irme inmediatamente y escribir a mi querido Hans acerca de todas estas cosas para que él ore diligentemente, aprenda bien sus lecciones y sea bueno, así él también puede venir a este jardín. Pero él también tiene una tía, Lena, que debe traer consigo". Y el hombre respondió: "Muy bien, vaya y cuéntele a su hijo acerca de estas cosas".

Por tanto, mi querido Hans, estudia y ora con diligencia, y dile a Felipe y a Justy que hagan también sus oraciones y estudien, porque haciendo esto ustedes entrarán juntos al jardín. Dios los bendiga. Y dale a la tía Lena un beso de mi parte y dile que la amo.

Tu papá que te ama.
—*Martín Lutero*»

De esta manera Lutero, al haber formado un hogar cristiano en el cual reinaba el amor en familia, la sencillez y la alegría, mostró la superioridad moral del Evangelio en contra de las costumbres deplorables de los claustros, y condenaba, con un ejemplo digno de imitar, el celibato sacerdotal.

Catalina era una mujer de espíritu fuerte, valiente, franca, determinada y consiente de sus responsabilidades, y fue quien implantó el orden en el hogar. Lutero era totalmente incapaz de organizar cualquier detalle de la economía doméstica. Incluso confiesa en *Conversaciones a la mesa*: «Antes de casarme, durante todo un año, nadie me ayudó a arreglar la cama, y la paja de la cama se pudrió con mi sudor. Cansado, y habiendo trabajado todo el día, caía en la cama, sin querer nada más». Según los relatos y las pinturas de la época, Catalina no era una «hermosa princesa». No poseía lo que hoy consideraríamos como «patrón de belleza». Su cabeza era alargada, tenía frente alta, nariz grande, mejillas sobresalientes, mentón pronunciado y era pobre. Pero tenía una fuerte personalidad y era capaz de «organizar todo en medio del desorden». Y no solamente organizaba, sino que trabajaba incansablemente en el convento, además, para tener bien su residencia, cedida por el príncipe Elector a la familia que, después del casamiento comenzó a aumentar gradualmente. El monasterio era la morada de Lutero desde 1524, pero en 1532 se volvió su propiedad, regalo del príncipe Juan. Se trataba de una casa muy grande, pero no adecuada, que se encontraba en un estado deplorable, con necesidad de reformas. Catalina llevaba a cabo esas reformas como una verdadera ama de casa. Creemos ser oportunos al hacer una distinción de este rol con el de nuestros días. Cuando se habla de ama de casa seguramente imaginamos a una mujer que atiende los quehaceres domésticos. Sin embargo, en el siglo XVI ese no era el caso. Ser ama de casa significaba ser una administradora, según comenta Heloisa G. Dalferth:

> [...] el término *Haus* (casa) no estaba restringido a lo que hoy entendemos por tareas de la casa, el jardín y las pequeñas huertas. Se entendía también que el cuidado de las tierras, la agricultura, la cría de animales, la comercialización de productos agrícolas y la coordinación del trabajo de los empleados formaba parte de las tareas de la *Hausfrau* [ama o dueña de casa].

Por esa causa es probable percibir que la vida de Catalina no era tediosa. A sus hijos se agregaron también los de la hermana de Lutero, a causa de su fallecimiento. Entonces en su casa había 11 criaturas. Además de los hijos, se sumaban los huéspedes, los estudiantes, los empleados, los fugitivos que buscaban refugio, y personas que buscaban consejos y orientación. Incluso algunos príncipes se contaban entre sus huéspedes. Para la manutención y para ayudar en la provisión de alimentos se criaban cerdos, animales, se cultivaba una huerta y se fabricaba cerveza a fin de ganarse el pan. En ese sentido es necesario mencionar la ayuda que Lutero recibía, además de su salario anual: una cantidad fija de leña, cereales y cebada para la fabricación de la cerveza. De parte del príncipe elector recibía también regalos, como carne de vaca y vinos, y varios otros. Sin duda todos tenían conocimiento de lo hospitalaria que era la casa que Catalina conducía tanto para la familia como para los huéspedes.

Como una verdadera emprendedora, transformó el monasterio en una pensión y una casa de huéspedes, en la cual alojaban personas de la nobleza. Alquiló un terreno y posteriormente compró una granja que albergaba a alrededor de treinta personas, entre huéspedes, estudiantes, empleados, hijos y los hijos de sus parientes.

Cuando Catalina pasaba por alguna crisis post nupcial, Lutero siempre la ayudaba. Sabemos que los cambios en las ideas y las costumbres son más lentos de ser asimilados o desechados. Ciertamente, en los momentos de «recogimiento, cuando la persona queda sola con su almohada», mil pensamientos vienen a su mente y, como resultado, las dudas surgen en el corazón. ¿Qué decir de una ex monja, ahora casada? Posiblemente, Lutero argumentó en uno de esos momentos:

> En verdad tú eres mi mujer legítima, puedes estar segura de eso, no lo dudes. Que el mundo impío y ciego diga de ti lo que quiera, deja que lo digan. Toma como regla la palabra de Dios, y mantente firmemente apegada a ella, en la cual encontrarás una fuente segura y constante de consolación contra el diablo y los calumniadores.

La ayuda de Lutero a su compañera era constante. Incluso en la obra *La vida matrimonial* afirma de forma irónica:

> Si un hombre lavara los pañales o realizara cualquier otro servicio despreciable relativo a un niño y todos se burlaran de él, diciendo que es un estúpido y un afeminado, si él, sin embargo, lo hace en el espíritu descrito arriba [es decir, obras de oro puro] y en la fe cristiana, díganme entonces, ¿quién se está burlando de quién? Dios se alegra con todos sus ángeles y criaturas, no porque [el padre] lave los pañales sino porque lo hace en la fe.

A través de las cartas que Lutero siempre escribía a su esposa se percibe el cariño que le dispensaba. En su trato hacia ella, encontramos los siguientes términos: «Katy, querida [más usado], dueña de casa, doctora, doctora luterana, señora, fabricante de cerveza, jueza en el mercado de cerdos, la mujer más sabia, mi encantadora, encantadora señora de manos y pies, santa, y mujer preocupada».

Al firmar las cartas usaba con mucho afecto expresiones como: «Martín Lutero, tu amorcito, tu querido amorcito, su santidad, su siervo solícito».

Esta familia supo también pasar por el valle de la sombra y de la muerte. Sí, Lutero y Catalina perdieron a dos de sus hijas: Elizabeth y Magdalena. Acerca de la fallecida Elizabeth con menos de un año de edad, Lutero dijo: «Mi corazón está dolido, casi como el de una mujer, por lo mucho que me lamento. No obstante, no puedo creer que el corazón de un padre pudiese apiadarse de tal manera de sus hijos».

Magdalena falleció a los 13 años de edad, marcando con tristeza el corazón de Lutero. Relataba regularmente el dolor por la pérdida de su tan querida adolescente, quien murió en sus brazos después de haber respondido la pregunta de su padre: «Magdalena, hija mía, ¿te gustaría permanecer con tu papá? ¿Irás con alegría también junto a aquel Padre?» Y la niña respondió: «Sí, querido padre, como Dios lo quiera». Días después escribió a su amigo Justus Jonas sobre la muerte de su hija:

> Debes saber que mi querida hija Magdalena renació en el reino eterno de Cristo. Mi mujer y yo deberíamos agradecer y alegrarnos por este final tan feliz y esta muerte tan bienaventurada. Sin embargo, el poder del amor natural es tan grande que no podemos hacerlo sin sollozar o gemir de corazón, sin tener el corazón partido. Porque la piadosa y obediente hija que nunca nos causó problemas, su mirada, sus palabras, todo su ser, así como fue en la vida y en la muerte, sin dudas, está en el fondo de nuestro corazón, que el propio Cristo no consigue apagar totalmente como debería ser. Ella tenía un temperamento dulce y vivaz y era amada por todos. Alabado sea nuestro Señor Jesucristo que la llamó, escogió y glorificó.

Así fue en líneas generales la familia de Lutero, tal como cualquier otra, con problemas, dificultades, errores y aciertos. Sin embargo, siempre consiente que Dios no solamente es el Señor de la historia sino también de cada familia.

Cuando analizamos, incluso en líneas generales, el matrimonio de Lutero, parecería que todo estaba dentro de los carriles normales. Puro engaño. Tanto Alemania como Lutero estaban pasando momentos difíciles. La guerra de los campesinos que se inició en 1524, en el mismo año en que Lutero contrajo matrimonio, se encontró con varios puntos de resistencia. El resultado de la revuelta campesina fue cien mil campesinos muertos. Luego, en 1525 surgió la gran polémica entre Lutero y Erasmo, el príncipe de los humanistas, que publicó la obra *Diatriba* a través del cual atacó fuertemente a Lutero.

A partir de ese punto, entramos en otro aspecto del Lutero hombre, sus obras.

Las obras de Lutero

Cuando nos referimos a las obras de Lutero estamos hablando de sus escritos. Estos se componían de cartas, estudios bíblicos, teológicos, mensajes, tesis que serían debatidas, reflexiones sobre economía, religión, exegesis, hermenéutica, consejería, sermones, comentarios bíblicos, apelaciones, liturgia, manual, himnos, sexualidad, política, filosofía, sociedad, ética, educación, oración y traducción de la Biblia. Siempre respondía acerca de las más diversas cuestiones que se le presentaban, ya sea por peticiones, opiniones o para defenderse de sus oponentes. Cualquier asunto que requiriera de su intervención, fuese simple o complicado, en el tiempo determinado, sin duda, la respuesta sería dada. Lutero era uno de aquellos que, para decirlo en términos modernos, «no tenía pelos en la lengua». Fue un teólogo y profesor profundamente religioso. Era intérprete de las Sagradas Escrituras. Aunque no era un experto en todos los asuntos que trataba, siempre lo hacía desde una perspectiva bíblica teológica.

Al menos dos observaciones son necesarias al presentar las obras de Lutero. Su producción literaria fue muy amplia; basta leer rápidamente algunas líneas para percibir que sus escritos van desde simples cartas hasta la presentación de tesis para el doctorado de sus alumnos. También la traducción de la Biblia directamente de los originales hebreo y griego, superando los límites de una vasta área del conocimiento humano. Según se estima, la edición completa de sus obras abarca alrededor de 100 volúmenes, de las cuales 67 estaban en alemán y 33 en latín. Por tanto, nos limitaremos a presentar solamente las extraídas de las *Obras seleccionadas de Lutero* en 12 volúmenes.

El segundo punto tiene que ver con las fechas que aparecen en cada libro de la Biblia de Lutero. Al pedir aclaración sobre esa cuestión, recibí la respuesta de Ricardo W. Rieth, integrante de la Comisión Editorial Martín Lutero Obras Seleccionadas, con las siguientes palabras:

> Lutero escribió los prefacios de los libros bíblicos a medida que se publicaban las ediciones de su traducción al alemán. Ese proceso de traducción/edición se inició en setiembre de 1522 con la publicación del Nuevo Testamento, y continuó a través de los años 1520 y comienzos de 1530 hasta que, finalmente, en 1534, se publicó la Biblia completa en alemán, incluso con la traducción de los libros apócrifos o deuterocanónicos, adjuntos al Antiguo Testamento. Además, paralelamente se realizaron los trabajos de una comisión permanente de revisión de la Biblia. Según Lutero, por principio, la dinámica de una lengua como «organismo» social y cultural vivo impediría que se llegara a una traducción definitiva. Esta comisión, integrada por él y algunos colegas, como Melanchthon, Bugenhagen, Jonas, promovió alteraciones más o

menos significativas en los textos ya traducidos y editados anteriormente. Este proceso de revisión continuó hasta la muerte de Lutero. En algunos casos hubo cambios también en los textos de los prefacios. El caso más significativo es el prefacio de la Epístola de Santiago, al comparar la edición de setiembre de 1522 con las ediciones que se hicieron a partir de 1534. Esas fueron plenamente señaladas y descritas en las introducciones históricas y notas al pie de página, incluidas en el volumen 8 de las Obras Seleccionadas.

Examinemos, entonces, «algunos» de sus títulos:

1515 Epístola del bienaventurado apóstol Pablo a los Romanos
1517 Debate acerca de la teología escolástica
-Las 95 tesis
1518 Relato de Lutero sobre el encuentro con el legado apostólico
-Apelación de Lutero al Concilio
-Explicaciones del debate sobre el valor de las indulgencias
-Un sermón sobre la indulgencia y la gracia
-Debate de Heldelberg
-Sermón sobre el poder de la excomunión
1519 Breve instrucción acerca de cómo debemos confesarnos
-Sermón sobre la preparación para la muerte
-Sermones sobre los Sacramentos (Bautismo, Eucaristía y Penitencia)
1520 Debate y defensa del doctor M. Lutero contra las acusaciones de Eck
-Comentario de Lutero sobre sus tesis debatidas en Leipzig

-Comentario de Lutero sobre la 13ª Tesis sobre el poder del Papa
-*Sermón sobre las dos clases de la justicia*
-*Sermón sobre la contemplación del santo sufrimiento de Cristo*
-*Trabajo sobre los Salmos a los estudiantes de Wittenberg*
-*Modo de confesarse*
-Breve forma de los Credos
-Breve forma del Padrenuestro
-Breve forma de los Diez Mandamientos
-Respuesta de Lutero a la condenación de las universidades de Lovaine y Colonia
-Acerca de las buenas obras
-Sermón acerca del Nuevo Testamento
-Respecto del papado en Roma
-A la nobleza cristiana de la nación alemana
-Carta de Lutero a León X, Sumo Pontífice
-La libertad del cristiano
-El cautiverio babilónico de la iglesia
-Por qué los libros del Papa y de sus discípulos fueron quemados
-Traducción del Nuevo Testamento al alemán, por Lutero

1521 *Refutación de la razón latomiana*
-*Comentario al "Magníficat"*
-Discurso del doctor Martín Lutero ante el emperador Carlos V

1522 Una exhortación sincera de Martín Lutero a todos los cristianos
-Introducción: Qué se debe buscar y esperar de los Evangelios

1523 Séptimo capítulo de 1 Corintios

-La autoridad secular
-Estatuto para una caja comunitaria
-Orden del culto
-Cómo instituir ministros en la iglesia
-Formulación de la misa y de la comunidad
-Himnología. Hasta 1545 compuso más de 30 himnos

1524 Respuesta a Ambrosio Catarino
-Los padres y el casamiento de los hijos
-Carta a los príncipes de Sajonia
-Carta abierta a los consejeros de todas las ciudades de Alemania

1525 *Sobre la voluntad cautiva*
-Carta contra el libro riguroso contra los campesinos
-Cómo los cristianos deben lidiar con Moisés
-*Capítulos 14 y 15 de Juan predicado e interpretado*

1526 Sobre si los militares pueden tener funciones
-Las bienaventuranzas
-Misa alemana y orden del culto
-Comentarios sobre la Epístola de Pablo a Tito

1528 Sobre la Santa Cena
-Comentario de la Primera Epístola a Timoteo

1529 Manual de bendición matrimonial para los pastores poco instruidos
-Guerra contra los turcos
-Catecismo Mayor
-El Credo
-El Padrenuestro
-El bautismo
-Catecismo Menor

1530 La sublime alabanza

-Asuntos matrimoniales
-Exhortaciones al sacramento del Cuerpo y la Sangre de nuestro Señor
-Carta abierta acerca de la intercesión de los santos

1530/1532 Prédicas sobre Mateo 5—7
-Advertencias del doctor Martín Lutero a sus estimados alemanes
-Resumen sobre los salmos y razones de la traducción

1532 Resumen de la vida cristiana
-El Padrenuestro
-La vida matrimonial
-*Salmos 101, interpretado por Martín Lutero*
-Carta del doctor M. Lutero sobre los intrusos y predicadores clandestinos
-Mateo 5—7

1534 *Capítulo 15 de 1 Corintios*
-Publicación de la Biblia traducida por Lutero

1535 *Una forma sencilla de orar*
-Comentario sobre la Epístola a los Gálatas

1535/1545 *Conferencias sobre Génesis*
-*Capítulo 16 de 1 Juan explicado e interpretado*

1536 Debate del Rev. Martín Lutero acerca del hombre
-*Debate acerca de la justificación*

1537 al 1540 *Lutero y los antinomianistas*

1539 *Debate sobre la frase: El Verbo se hizo carne*
-Sobre los Concilios y la iglesia
-No deben tolerarse burdeles públicos
-Debate sobre Mateo 19:21

1540 *Debate del Rev. Lutero sobre la divinidad y la humanidad de Cristo*

1541 *Exhortación a la oración contra los turcos*
1542 Ejemplo de ordenación de un obispo legítimo
1545 Instrucción a los visitadores (redactó varias instrucciones)
-Prefacio de los libros del AT (Práctica usual de Lutero)

Observación: Los prefacios de los libros de la Biblia fueron escritos de 1522 a 1534, cuando concluyó la traducción de toda la Biblia. Sin embargo, el proceso de revisión, hecho por Lutero y sus compañeros, continuó hasta la muerte del reformador.

Panorama general: (Pentateuco); Job; Salmos; Libros de Salomón; los profetas: Isaías; Jeremías; Ezequiel; Oseas; Joel; Amos; Abdías; Jonás; Miqueas; Habacuc; Sofonías; Ageo; Zacarías; Malaquías; Judith. Sabiduría de Salomón; Tobías; Jesús Sirac; Baruc; 1 Macabeos; 2 Macabeos.

1546 Prefacio al *Nuevo Testamento*: Panorama general (Evangelios); Hechos, Romanos; 1 Corintios; 2 Corintios; Gálatas; Efesios; Filipenses; Colosenses; 1 Tesalonicenses; 2 Tesalonicenses; 1 Timoteo; 2 Timoteo; Tito; Filemón; 1 Pedro; 2 Pedro; Tres Epístolas de Juan; Hebreos; Santiago; Judas; Apocalipsis.

Lutero y el arte de vivir

Hemos llegado al final del abordaje de Lutero como hombre; de alguien con una vida llena de los desafíos inherentes a la gran obra que realizó. ¡Alguien que vivió intensamente! Creemos que todos los que estudian la vida de este hombre se sienten inspirados. Su vida, sus dificultades, sus desafíos y aspiraciones coinciden en mucho con la vida diaria de cada uno de nosotros.

Aunque con ciertos altibajos, la vida de Lutero sirvió de inspiración a miles de miles de vidas.

Por eso aún hoy podemos meditar y extraer lecciones para nuestra propia vida.

Vivir todos viven; basta para ello haber nacido. La cuestión es saber vivir, o, mejor dicho, llevar una vida intensa. No se debe esperar a envejecer porque, según San Agustín: «En el momento de nacer ya comenzamos a envejecer». Sin dudas alguna vez habrá oído decir que «vivir es un arte». Y, si hablamos de arte, el teólogo Anselmo Grun informa que, en alemán (el idioma de Lutero) arte (Kunst) tiene que ver con poder (Könnem). Ese poder está relacionado con la comprensión, el conocimiento y la sabiduría. Entonces, «[El] arte está también ligado a lo "conocido". De manera que el que aprende el arte de vivir o de envejecer se hace "conocido por los demás". Uno no vive bien para sí mismo sino también para los demás.»

Así fue la vida de Lutero. Vivió solo 62 años, tres meses y ocho días. En su época, en Alemania la expectativa de vida era de 25 años, según M. Dreher. Eso quiere decir que a los 62 años Lutero se encontraba tal como él mismo decía: «Viejo, cansado y desgastado. Pudiendo ver con un solo ojo. Sin embargo, para ser anciano estoy bastante bien.»

Si tomamos como referencia el 31 de octubre de 1517, fecha en que Lutero escribió las 95 tesis, dando inicio a la Reforma, hasta su muerte el 18 de febrero de 1546, podríamos decir que vivió 28 años, tres meses y dieciocho días para la realización de una obra que solo la eternidad revelará plenamente su importancia.

Lutero no solo supo vivir sino también conoció el «arte de vivir».

Según Funck-Brentano, se calcula que 10 años es el tiempo necesario para que alguien copie toda la obra de Lutero, incluidas sus cartas, mensajes, comentarios, y otras. Su actividad no solo fue intensa sino variada; y abarcó desde «lavar los pañales de sus hijos» hasta actuar como consejero de los príncipes, magistrados, nobles y líderes religiosos. Escribió sobre economía, política, pedagogía, administración, filosofía, teología, la Biblia, himnos (que, según se creía, compuso 137, lo que es solo una especulación), como también una gama de temas que van desde la elevada espiritualidad hasta el radicalismo de los recalcitrantes. Era músico: ejecutaba la flauta, el órgano y el laúd (instrumento de cuerda parecido a nuestro violín o guitarra). Además de su lengua materna, hablaba el latín, el griego y el hebreo. En solo tres meses tradujo el Nuevo Testamento del griego al alemán. A los 25 años ya era profesor universitario. Supo utilizar un instrumento recién inventado: la imprenta de Gutenberg. Basta mencionar que había 11 firmas tipográficas ávidas de publicar lo que Lutero escribía. ¡Realmente había escrito mucho! Tanto que, según Carter Lindberg, «ni Lenin, ni Mao Tse-Tung, ni Tomas Jefferson, ni John Adams, ni Patrick Henry llegaron a tanto».

Pero, ¿qué tiene que ver la vida y la entrega de Lutero con su vida y la mía? ¡Mucho!

El filósofo Romano Guardini dijo que Dios había puesto sobre cada ser humano un código que sólo sirve para esa persona determinada. Es insustituible. Solo la propia persona puede usarlo. Cada vida es un milagro único e irrepetible. Por lo tanto, viva su propia vida. Y esa vida, incluso después de la muerte, no podrá ser destruida. Únicamente tenemos esta vida y no podemos perder esta oportunidad. Solamente usted y yo sabemos usar el «código» recibido. No importa la edad que tengamos. La vida es como las cuatro estaciones: la primavera, el verano, el otoño y el invierno son como la adolescencia, la edad adulta, la vejez y el reposo. En cada una de ellas debemos «producir» algo. La primavera es el desarrollo de la vida, la jovialidad y la vivacidad. El verano nos habla de la plenitud de la vida. El otoño, de recogimiento. Y el invierno refleja la quietud y el descanso, a fin de que una nueva vida pueda surgir. Cada etapa tiene un significado correspondiente. Si estoy en la etapa «invernal» no puedo hacer planes como si estuviera viviendo en la «primavera». Sin embargo, puedo hacer planes aún en otoño o invierno. Pero mis planes en el «invierno» no pueden ser los mismos que los del «verano» ... y así sucesivamente. Cada etapa de la vida debe vivirse en su contexto.

Y así como Lutero, podemos discernir ¡y vivir las distintas etapas de la vida! Dos días antes de morir, el 18 de febrero de 1546, estaba de viaje con la intención de reconciliar a dos príncipes en litigio. Así como Joab, «cayó como un guerrero».

Debido a la brevedad de la vida en la Europa del siglo XVI, los principales reformadores no vivieron muchos años; no obstante, realizaron una gran obra: Calvino vivió 54 años; Mutzer, 35; Juan Huss, 44; Melanchthon, 63; Zuinglio, 47; Karlstadt, 55, y Bucer, 60. Al igual que el apóstol Pablo que, según dicen, su ministerio no duró más de 15 años. ¿Y qué podemos decir de Jesucristo, que vivió 33 años de edad, y tuvo un ministerio de aproximadamente 4 años?

Dice un pensamiento oriental:

> Cuando naciste, todos a tu alrededor reían,
> sólo tú llorabas.
> Procura vivir de tal modo que
> a la hora de tu muerte
> todos lloren,
> pero solamente tú rías.

Lutero supo vivir intensamente en el siglo XVI y, de este modo, continúa vivo a través de su legado.

Tercera parte

Legado

Lutero 16/21

Hasta aquí hemos visto al Lutero/16, es decir, el Lutero del siglo XVI. Es el Lutero hombre, hijo de su época: con su visión centrada en Europa. También vimos una Europa en proceso de transición del feudalismo al capitalismo, en la que un nuevo mundo coexiste con estructuras antiguas. Y, por último, a un Lutero medieval, con creencias asociadas a ese momento histórico. Debido a la naturaleza de este libro, nos referiremos al momento histórico del cambio de un sistema económico al otro, aunque la discusión haya sido muy extensa, simplemente citando los diferentes enfoques entre los historiadores y economistas, tales como Paul M. Sweezy y Maurice Dobb, entre otros. Lo cierto es que la hermenéutica bíblica de Lutero refleja, aunque haya avanzado considerablemente, los dictámenes de su época. Lutero desconoce en sus reflexiones bíblicas el método de enfoque histórico-crítico de los siglos posteriores. Por lo tanto, no podemos exigir de él las interpretaciones que solamente vendrían en siglos subsiguientes. Su preocupación era presentar a los lectores una hermenéutica y exégesis centrándose puramente en su edificación espiritual. No obstante, no deja de aplicar lo que hoy se conoce como método histórico-crítico cuando analiza la autoría de la Epístola de Santiago: En primer lugar, confronta el uso tanto de Pablo como de Pedro de Génesis 15, y concluye que el autor no podría ser un apóstol. Segundo, el autor de Santiago no menciona el sufrimiento, la muerte y el Espíritu de Cristo. Tercero, menciona a Cristo varias veces, pero no enseña nada de él. De forma semejante, analiza la Epístola de Judas. Sin embargo, no quita esas Epístolas del conjunto de los libros inspirados. Aun en este punto debemos incluirlo dentro de su contexto. Nuevamente está reflejando el pensamiento de su época.

Finalmente llegó el tiempo de meditar sobre Lutero/21, o sea, el Lutero del siglo XXI, y quizás de los que le siguen. Es aquel que no solamente vivió en su propia época, sino que vislumbró la venidera. El profeta es aquel que logra discernir el momento histórico en el que está inserto y, desde esa percepción, propone los cambios que ocurrirán cuando haya terminado su propia generación. Así sucedió con Lutero, como también con los antiguos profetas, que no recibieron la revelación para ellos mismos de «los tiempos y las estaciones» sino que anunciaron «para nosotros» los valores de un nuevo mundo (1 P 1:12). Es a este Lutero a quien somos deudores. Su contribución al mundo contemporáneo es indiscutible.

Hablar acerca del legado de Lutero es un gran desafío, pero vale la pena intentarlo, porque cada vez que se lee e investiga a Lutero más se descubre a Lutero. Marcó profundamente el curso de la historia al punto que el teólogo Paul Tillich afirmó: «El único que realizó una verdadera transformación que cambió la faz de la tierra fue Martín Lutero. Sacudió los cimientos medievales y abrió nuevos horizontes para el mundo moderno que comenzaba a vislumbrarse. Aunque realizó una obra monumental, humanamente no tuvo el tiempo necesario para verla completa. Sin embargo, tal como alude el precepto bíblico, «redimió el tiempo», y con eso, terminó su carrera y guardó la fe.

Después de más de 500 años del nacimiento de Lutero, él continúa vivo y cada vez es más actual. Es uno de los que, según la expresión de Luis Vaz de Camaoes, en *Los Lusiadas*, canto I, «se va la ley de la muerte liberando», o, según Apocalipsis 14:13,

«Bienaventurados de aquí en adelante los muertos que mueren en el Señor... descansarán de sus trabajos, porque sus obras con ellos siguen». ¡Y con sus obras su legado!

El legado de Lutero

El legado de Lutero es muy extenso. Va desde la popularización de la Biblia para el pueblo hasta la libertad de conciencia, tan inherente en las personas como ciudadanas, y actualmente incluida en las Constituciones de las naciones democráticas. Su legado también se ve en la moderna lengua alemana; en el sacerdocio universal de los creyentes; en una iglesia no vinculada al Estado; en la liturgia de nuestros cultos; en los himnos y en muchas otras contribuciones. Lutero escribió, según hemos mencionado, temas que van desde la política hasta la vida matrimonial. El luterano Walter Altmann, en la obra *Lutero y la liberación*, asocia a Lutero con la Teología de la Liberación, desarrollada a mediados del siglo XX.

Hablar sobre la herencia de Lutero es mencionar temas que no solo incumben a su persona, de forma individual, sino que su aplicación también es normativa y, por lo tanto, afecta a toda la sociedad. Podríamos enumerar muchas de sus contribuciones. Sin embargo, existe una que es su propia experiencia con Dios, y que nos lleva a pensar en nosotros mismos. Así como el apóstol Pablo, Lutero también descubrió la gracia del carácter de Dios. Se trata de una experiencia «pasiva» para nosotros, en la que Dios es el autor de esta relación. También descubrió que el cristiano cuando ora, alaba y exalta lo hace porque el mismo Dios lo impulsa. Es Dios quien está «activo». Es Dios quien pone en nosotros «el querer como el hacer». Cuando descubrimos esa verdad, tal como lo hizo Lutero, «las puertas del paraíso» se abren y todo comienza a tener sentido, incluso las adversidades y los desafíos. «No me elegisteis vosotros a mí, sino que yo os elegí a vosotros y os he puesto para que vayáis y llevéis fruto, y vuestro fruto permanezca» (Jn 15:16), enseñaba el Maestro de los maestros.

El legado de Lutero no incluye solamente las áreas teológica, bíblica y espiritual. Lutero fue como un «río que desemboca en el mar». Podemos acompañar a Lutero «mientras es río», sin embargo, sus ideas se amplían transformándose en un «verdadero mar». Tenemos que evaluar al reformador «como un río» para no ahogarnos en su «océano».

Por supuesto que podemos ver también en Lutero no solo los pro sino también los contra. Aunque los pro son muy superiores a los contra. Muchos de sus «contras» están en el contexto de «Lutero/16». Volvemos a afirmar que Lutero fue un hijo de su tiempo y reflejó, a través de sus escritos, conferencias, consejos y cartas, su ambiente religioso, social y cultural.

A mediados de los años 80 las obras del reformador comenzaron a salir a luz. La Comisión Interluterana de Literatura (CIL), constituida y mantenida por la Iglesia Evangélica Luterana del Brasil (IELB) y por la Iglesia de Confesión Luterana (IECLB), inició la publicación de las *Obras Seleccionadas de Lutero* con una publicación de 14 volúmenes. Por lo tanto, tenemos la gran oportunidad de evaluar a Lutero por lo que él mismo dijo, y no solamente por lo que se dice de él.

Presentaremos algo del legado del reformador, y es obvio que no agotaremos el tema. Procuraremos estar siempre al margen de ese río. Cuanto más se lee de Lutero más se descubren sus contribuciones. Solo aquel que lee a Lutero estará de acuerdo. Comencemos por la:

Nueva comprensión de las Escrituras

Sin dudas podemos afirmar que Lutero *trajo una nueva comprensión de las Sagradas Escrituras*. Relacionaremos esa verdad con un hecho que la investigación actual ha contestado históricamente, pero que sirve como ilustración. Lo principal es la gran lección que él nos dejó, independientemente de su veracidad. Se trata de la Biblia encadenada que Lutero vio por primera vez. Probablemente, haya sido la primera vez que el reformador se encontraba con una Biblia, la cual estaba guardada con cadenas. Esa práctica se vincula al hecho de que una Biblia de Gutenberg, a fines del siglo XV y a comienzos del XVI, tenía mucho valor. Según Martín Dreher, «equivalía a una yunta de bueyes. Y en caso de que fuese robada el perjuicio sería grande. Por eso había que encadenarla.»

Por tanto, Lutero contribuyó a la liberación de las Sagradas Escrituras de sus «cadenas», las cuales comenzaron a hablar por ellas mismas.

Aunque este episodio carezca de veracidad, la práctica de encadenar la Biblia era común en la época a fin de evitar su hurto. Por analogía, podemos decir que Lutero liberó las mentes cautivas de una interpretación «que venía de arriba», porque la gente comenzó a leer la Palabra de Dios con sus propios ojos. En la época de Lutero se afirmaba que solamente la Iglesia y el Papa podían interpretar las Escrituras, y que no debían tolerarse las opiniones y libertades en relación con la conciencia y el culto. Sin embargo, Lutero no pensaba ni obraba así. Él popularizó la Biblia, haciéndola llegar al pueblo. El medieval Jacques Le Goff señala que en la Edad Media la iglesia requería tres pasos para que las personas se convirtieran al cristianismo: primero, se requería que citasen versículos bíblicos; segundo, el uso de la razón; tercero, su uso a través de las autoridades. Con ese método las Escrituras estaban bajo cadenas, porque las citas bíblicas no podían ser leídas por los laicos sin los Padres de la iglesia. Los laicos no usaban la Biblia, sino solo los clérigos. En cuanto al uso de la razón, la Escolástica era la que daba la palabra final, la cual estaba asociada a los grandes pensadores, como Tomás de Aquino, el principal teólogo medieval, que tenía en Aristóteles, por ejemplo, un referente. Lutero, en la obra *Los Concilios y la Iglesia*, declaró cómo leía las Escrituras: «Cuando estudié la Epístola a los Hebreos con las glosas [notas explicativas] de San Crisóstomo, Tito y Gálatas lo hice con la ayuda de San Jerónimo, Génesis con la ayuda de San Ambrosio y Agustín, y Salmos con todos los escritores a los que tenía acceso». Se leían las Escrituras desde una mirada filosófica o a través de los Padres de la Iglesia; y por último, solo mediante las autoridades eclesiásticas. En el siglo XVI se afirmaba que las Escrituras eran obscuras y que la iglesia se reservaba el derecho de interpretarlas a su manera. No afirmamos que la Biblia no era examinada, sino destacamos los límites de su lectura e interpretación. El propio Staupitz, vicario general del monasterio en Erfurt, donde Lutero inició sus estudios como monje, distribuía la Biblia para ser leída por los internos. El texto era una versión de la Vulgata de San Jerónimo, incluso con algunos pasajes traducidos de forma malintencionada. Se decía, principalmente en los monasterios, que la lectura de la Biblia era peligrosa y que causaba rebeldía. No podemos afirmar que estaba prohibida sino que era una lectura limitada e interpretada por las autoridades. De esta manera, los monjes y Padres conocían solamente la versión latina. La Biblia completa estaba disponible solo para los profesores e investigadores.

Lutero rompió con ese modelo: uno de los principios de la Reforma del siglo XVI fue la *Sola Scriptura* (solamente las Escrituras). La Biblia comenzó a ser patrimonio de todos: del clero, de los laicos, de los poderosos, de los campesinos, del hombre y de la mujer, de los adultos y de los jóvenes. Se volvió tan popular que, en 1535, uno de cada setenta alemanes poseía un Nuevo Testamento. A comienzos de la *Sola Scriptura* de los reformadores no se podía decir nada que se encontrara fuera de las Escrituras. Acerca de la penitencia como tesoro de la iglesia, Lutero fue categórico:

> Porque (como ya dije muchas veces) ello no puede ser probado por ningún pasaje de las Escrituras ni demostrado con argumentos racionales. Además, los que apoyan esto no lo pueden probar sino que simplemente lo cuentan, como todos saben. Más bien, yo dije anteriormente que afirmar algo, para lo cual no se puede presentar ningún argumento de la razón o pasaje de las Escrituras, es exponer a la iglesia a la prisión de los enemigos y herejes, puesto que, según el apóstol Pedro, debemos dar cuentas de la fe y esperanza que hay en nosotros.

Para Lutero Jesucristo era la Palabra de Dios, y sugería que los pañales que envolvían al niño Jesús en el pesebre representaban simbólicamente las Escrituras.

Hasta ese momento, la lectura e interpretación de las Escrituras debían «venir de arriba» mediante la Escolástica, la Filosofía (principalmente de Aristóteles) y la Curia. Lutero se dirigió al pueblo e hizo que comprendiera la Biblia. Él decía:

> Muchas veces sucedió que nos quedamos catorce días, o hasta cuatro semanas, buscando e indagando una sola palabra y, aun así, muchas veces no la encontramos. En nuestro trabajo sobre Job, el maestro Felipe, Aurogado y yo a veces pasábamos hasta cuatro días sin lograr leer ni tres líneas. «Apreciado, ahora que está traducido y listo cualquiera puede leerlo y entenderlo; y recorrer tres o cuatro hojas con los ojos sin tropezar; pero no se dan cuenta de las piedras y troncos que había allí donde ahora pueden recorrerlo como si fuera una superficie plana. Tuvimos que sudar y angustiarnos hasta lograr sacar del camino esas piedras y troncos para que ahora se pueda leer con tanta facilidad» (Sel. V.8, p. 108, 110-111).
> No se debe consultar a las letras de la lengua latina cómo se debe hablar en alemán, tal como hacen esos burros, sino que

> se les debe preguntar a las madres en su casa, a los niños en el camino, al pueblo que está en el mercado; se debe oír cómo ellos hablan y traducir de la misma forma. Entonces entenderán y se darán cuenta de que se está hablando el alemán como lo hablan ellos.

Lutero escribió sin cesar sobre filosofía, principalmente de Aristóteles, diciendo que era perjudicial para la teología. Observe algunas de las tesis de Lutero que escribió a sus alumnos al terminar su Bachillerato en Estudios Bíblicos: *Tesis 41*: Casi toda la ética de Aristóteles es el peor enemigo de la gracia. Tesis 43: Es un error decir que sin Aristóteles nadie puede convertirse en teólogo. Tesis 44: Muy por el contrario, nadie se vuelve teólogo a no ser sin Aristóteles. Tesis 50: En resumen, todo lo que Aristóteles es para la teología lo es la obscuridad para la luz.

Con esas tesis a ser analizadas, Lutero rompió con la espina dorsal de la teología romana basada en Tomás de Aquino. Llamó a todos a debatir sobre la teología escolástica, predominante de la Edad Media. En ese debate, a través de las 95 tesis, propuso una verdadera ruptura con Duns Escoto, Aristóteles, diversos cardenales, como también una crítica a todo el sistema de la teología escolástica. Afirmaba que la teología necesitaba ser liberada, sobre todo de la «dictadura» de Aristóteles, a quien una vez Lutero caracterizó como «ese payaso que, con su máscara griega, engañó tanto a la iglesia». No estamos diciendo que Lutero condenara la razón en sí, sino solamente cuando la razón sobrepasaba la teología. Cada uno debía permanecer en su área de acción, advertía el reformador.

Tomemos solamente un ejemplo para demostrar la aplicación de la Biblia a los principios filosóficos. Platón enseñó que todo el universo estaba basado en un orden establecido por el propio Dios. Por medio de este orden, el universo es lo que es, o sea, un cosmos. Este orden se aplica a la estructura social de la humanidad. De esta manera, los emperadores y reyes, nobles y campesinos, obispos y sacerdotes, todos fueron llamados por Dios y desempeñan una función para el bien de ese orden. Cuando cada uno cumple con su obligación todo prospera y el orden sigue su curso. Esta interpretación correspondía al periodo medieval caracterizado por la inmutabilidad. ¿Por qué cambiar el curso de la sociedad si todo estaba establecido por Dios? Creemos que ese discurso gratificaría los intereses de determinados grupos para mantenerse en su *status quo*. A esa idea de orden podemos agregar el pensamiento de Aristóteles cuando habla de su carácter final. Para Aristóteles el orden tiende a un fin, por tanto, está determinado por un propósito. Tomás de Aquino unió esas dos proposiciones, orden y propósito, con la instauración del reino de Dios. Es decir, la gran tarea es transformar al mundo en el reino de Dios. En esa transformación el ser humano debe alcanzar la vida en Dios en su gloria: aquí, el reino de Dios; allí, la bienaventuranza del individuo. Ir contra ese orden y propósito era ir contra la propia voluntad establecida por Dios. Esa es una de las explicaciones de muchos de los «herejes» que terminaron en la hoguera: eran los «contras».

Como profesor en Wittenberg, Lutero procuró renovar el plan de estudios declarando:

> Nuestra teología y San Agustín progresan felizmente y reinan en nuestra universidad por voluntad de Dios. Aristóteles se está hundiendo, está por naufragar, tal vez para siempre. Nos enojamos mucho cuando escuchamos conferencias donde se habla acerca de sus afirmaciones. Ya nadie puede esperar más reunir a un público si no se habla de la Biblia, de San Agustín y de otro maestro con real autoridad eclesiástica.

Lutero desarrolló lo que podríamos llamar «Deje que el texto hable. No hable por él». Nos compete examinar las Escrituras y no interpretarlas. En verdad, ellas ya están interpretadas. Veamos lo que dice con respecto a la comprensión del texto de Isaías:

> Los que quieran leer al santo profeta Isaías de forma provechosa y comprenderlo mejor les sería que no menospreciaran mi consejo... Es necesario que se conozca cuál era la situación en la tierra en la época en que ocurrieron los hechos incluidos en el libro; que se sepa lo que pasaba en la mente de las personas o qué tipo de planes tenían con o en contra de sus vecinos, amigos y enemigos. Y principalmente cómo, en su país, se postraban ante Dios y ante los profetas con sus palabras y su culto o idolatría.

Otra cuestión fundamental en nuestros días, de la que somos deudores a Lutero, es el Canon de las Escrituras.

El Canon actual y Lutero

Hubo consenso entre los estudiosos para decir que el cierre del Canon se produjo a fines del siglo IV, en la época del Emperador Teodosio. El historiador eclesiástico Eusebio de Cesarea presentó de manera precisa los Libros de las Escrituras que posteriormente serían reconocidos como canónicos, o mejor dicho, inspirados por Dios, y por tanto servirían como regla para la Iglesia.

Eusebio de Cesarea nació aproximadamente en el año 260 en Palestina, y falleció en el año 339. Fue uno de los primeros historiadores del cristianismo y se lo considera el «padre de la historia de la iglesia». Su principal obra, *Historia Eclesiástica*, tiene como fuente la biblioteca que Orígenes (185—254) dejara en Cesarea y que Pánfilo (fallecido en el 309) amplió. Se empleó también el trabajo de otro historiador llamado Hegesipo de Jerusalén (105—180) de quién poco se sabe, y que conocemos principalmente por las citas del propio Eusebio.

Luego de la persecución de la iglesia en el año 313, fue electo obispo en Cesarea y discípulo de Pánfilo. Vivió en los días del emperador romano Constantino y estuvo comprometido con este, al cual llamaba «instrumento de Dios para la iglesia». Incluso llegó a compararlo con Moisés (Libro IX, 8).

Eusebio vivió en el contexto del surgimiento de la controversia del arrianismo, habiendo participado del Concilio de Nicea (325) que condenó tanto a Arrio como al arrianismo, cuya doctrina no aceptaba la divinidad de Jesús. Las obras de Eusebio siempre tenían una naturaleza apologética, tales como *Praeparatio evangelica*, la cual era una crítica contra el paganismo, y *Demonstratio evangelica* en la que refuta los argumentos de los judíos contra los cristianos. Escribió varios comentarios bíblicos, obras teológicas y epístolas.

En *Historia Eclesiástica*, escrita a mediados de la primera década del siglo IV (315), Eusebio hizo una apología del cristianismo, en la que afirma que la fe cristiana era la consumación de toda la historia humana.

También en esa época se discutía con gran entusiasmo el tema de la aprobación del Canon de las Escrituras del Nuevo Testamento, donde nuestro historiador había presentado la relación de los libros admitidos en esa discusión. Al leer la argumentación que Eusebio presentó se percibe la dirección por la cual encaminaba el cierre oficial del Canon a fines del siglo IV, época inclusive, en la que el historiador ya había muerto. El cierre se produjo aproximadamente en el 395 y Eusebio murió en el 339.

El autor de la *Historia Eclesiástica* dividió los libros según su distinción en cuatro categorías, extraídas del Libro III, 25. Eusebio de Cesarea nos informa sobre los Libros de las Escrituras reconocidos y los que no lo fueron:

1. **Los admitidos [reconocidos]:** Los Cuatro Evangelios, Hechos de los Apóstoles, las Epístolas de Pablo [un total

de 14, incluido Hebreos], 1 Juan, 1 Pedro y el Apocalipsis de Juan.

2. **Los discutidos [disputados]:** Santiago, Judas, 2 Pedro, 2 y 3 Juan. [Aquí tenemos 27 Libros, sumando los admitidos y los discutidos, que más tarde se consideraron canónicos, es decir, inspirados y reconocidos.]

3. **Los espurios [no auténticos]:** Hechos de Pablo, pastor de Hermas, Apocalipsis de Pedro, Carta de Bernabé y la Didaché. [En esta tercera categoría, Eusebio incluyó también el Apocalipsis, que en su época algunos lo consideraban espurio.]

4. **Los heréticos:** Los Evangelios de Pedro, de Tomás, de Matías, Hechos de Andrés y de Juan.

Nota: Al leer las Escrituras, en el Nuevo Testamento observamos «entre líneas» una separación de los temas que serían considerados ortodoxos (de una fe recta, correcta) y, consecuentemente, canonizados. Examinando con diligencia el Nuevo Testamento, en especial el Evangelio de Juan, percibimos el rechazo de ese Evangelio hacia determinadas interpretaciones sobre la persona de Cristo. De manera enérgica reprueba las distorsiones que se hacían acerca de la afiliación con el Padre, su encarnación, su unidad con el Padre y su divinidad, entre otros. El mismo texto de Pedro ya destacaba los escritos del apóstol Pablo en igualdad con «las demás Escrituras» o, mejor dicho, las Escrituras inspiradas por el Espíritu Santo.

Desde fines del siglo IV hasta mediados del siglo XVI el proceso de canonización de las Escrituras pasó por discusiones, con avances y retrocesos, hasta su aprobación definitiva. Veamos el proceso en orden cronológico:

V—VIII =	Proceso de consolidación.
VIII =	Forma definitiva del Canon.
IX/XV =	Debate esporádico.
XVI =	Cierre en el Concilio de Trento, en el contexto de Lutero.

Uno puede percibir que el «cierre no fue tan cerrado». Incluso después de decidir que serían esos los66 Libros incluidos, a lo largo de los siglos se fueron agregando otros argumentando porqué se los consideraba canónicos. Basta con tomar como ejemplo al catolicismo ortodoxo. Sin dejar de lado nuestro objetivo, que es el Canon luterano, sabemos que existe una diferencia en cuanto a la cantidad de Libros de las Escrituras que tiene la Biblia católica y la protestante. La Biblia protestante está compuesta por 66 libros. Y la católica, además de esos 66 Libros, contiene 7 Libros más. Los que la Biblia católica agregó son: Tobías, Judit, 1 Macabeos, 2 Macabeos, Baruc, Sabiduría y Eclesiástico. También tiene pasajes agregados como: Ester 10, 4-16, 24 y Daniel 3:24-90, y los capítulos 13 y 14.

Lutero promovió y desarrolló un «Canon dentro del Canon». Veamos:

1. La Biblia posee una «correlación perfecta entre la Palabra y la fe». En cuanto a María, el *Magníficat*, dice: «[...] después de la experiencia personal a través de la cual fue iluminada e instruida por el Espíritu Santo. Nadie comprenderá a Dios o su Palabra a menos que el Espíritu Santo se lo aclare directamente.»

2. Cada Libro de las Escrituras tiene un objetivo propio, y por eso están clasificados de acuerdo con su naturaleza y el valor de su edificación. De esta manera Lutero estableció reglas en la medida en que los libros expresan

la realidad de Cristo. Cristo debía estar presente en las Escrituras.

3. El Antiguo Testamento es el Libro de la Ley. El Nuevo Testamento «es el mensaje de las dádivas de Cristo, de las cuales podemos beneficiarnos si tenemos fe». Por ese motivo, Lutero le dio importancia al Segundo Testamento. Sin embargo, nunca abandonó el estudio del Antiguo Testamento, principalmente de los Salmos, que declaró que era: «La síntesis y el resumen de la Biblia».

4. En cuanto al Nuevo Testamento, Lutero tenía una preferencia por ciertos Libros.

   4.1 El Evangelio de Juan, las Epístolas de Pablo (en especial la escrita a los Romanos) y 1 Pedro «son el corazón y el meollo de todos los otros Libros, incluso superiores a los tres Evangelios». Cada cristiano debería leerlos primero, y cada vez con mayor asiduidad, y así familiarizarse con ellos mediante la lectura diaria, como si fuera el pan de cada día. No encontrará en ellos muchas obras y milagros de Cristo, sin embargo, encontrará cómo la fe en Cristo supera: 1) el pecado, la muerte y el infierno; 2) concede vida, justicia y salvación; y eso caracteriza al Evangelio. Las Epístolas de Pablo superan ampliamente a los tres Evangelios.

   4.2 El Evangelio de Juan y su 1 Epístola, las Epístolas de Pablo (principalmente a los Romanos), Gálatas, Efesios y 2 Pedro son los que presentan a Cristo y enseñan todo lo que es necesario y bueno saber.

   4.3 «En *comparación* con las demás, la Epístola de Santiago es una epístola de paja, porque no tiene carácter evangélico». (Debe notarse que Lutero hace una comparación.)

4.4 El menos apreciado era el de Apocalipsis.

4.5 Lutero rechazó todos los apócrifos o deuterocanónicos aceptados por el Concilio de Trento, y promovió la consolidación de la Biblia aceptada por el protestantismo moderno. ¿Por qué rechazó esos Libros? Los teólogos medievales definían al Antiguo Testamento como «aquellas obras del Antiguo Testamento contenidas en las Biblias griegas y latinas», es decir, la Septuaginta que contenía los apócrifos, distinta del Antiguo Testamento judaico. Lutero y los reformadores veían contradicciones entre los apócrifos, o deuterocanónicos, y el Antiguo Testamento judaico, por esa razón los rechazaron. Tomemos, por ejemplo, 2 Macabeos 12:40-46. Allí se habla de la oración por los muertos. Por lo tanto, debía prevalecer el principio *Sola Scriptura* de los reformadores.

Su nueva comprensión de las Escrituras hizo que Lutero quedara con la conciencia libre, aunque cautiva a la Palabra de Dios. Siendo esclavo de la Palabra no podría aceptar lo que era contrario a ella.

Libertad de conciencia

Hablar o escribir acerca de la libertad de conciencia es aludir a los puntos centrales de la postura teológica de Lutero. Y él era tan consiente de este hecho que, bajo ningún concepto podría pensarse que renunciaría a ello. Jamás podría «retractarse». Era parte de su naturaleza no ir en contra de su propia libertad de conciencia, una libertad sujeta a la Palabra. Fue tan impactante ese tema para Lutero que, en 1793, aproximadamente 250 años después de su muerte, ya se hacían oraciones al reformador para invocar su tónica de la libertad: «Oh Jesús y Lutero, santos patronos de la libertad, que en vuestros tiempos de humillación tomasteis las cadenas de la humanidad y las triturasteis con poder titánico, [...] mirad ahora desde vuestras alturas para abajo; mirad a vuestros descendientes y exaltadlos con los granos que ahora germinan y se agitan al viento.»

De acuerdo con el profesor Peter C. Hodgson, podemos hablar de Lutero como el apóstol de la libertad; así como de Martín Luther King como el que luchó por los derechos civiles de la gente de color en los Estados Unidos; del profeta Amós por su clamor por la justicia; o del apóstol Pablo por su énfasis en el evangelio cristiano. Parafraseando a Paul Sartre, Lutero estaba «condenado a la libertad».

En su famosa tesis, aparentemente paradójica, expresó también su libertad: «El cristiano es un hombre libre, señor de todo y no sometido a nadie. El cristiano es un siervo, al servicio de todos, y a todos sometido.»

Lutero hizo la distinción de la naturaleza humana entre: la parte espiritual y la corpórea. Mientras que por su naturaleza espiritual se la llama espiritual, interna y nueva, la persona cuya fe está en Cristo es libre. Sin embargo, por su naturaleza física o corpórea, se la llama persona carnal, exterior, vieja y con necesidades. La fe en Cristo producirá el amor del cual nos volvemos deudores. De manera que por la fe en Cristo somos libres, pero por el amor de Cristo somos deudores. Según la primera premisa, por la fe en Cristo el alma del cristiano se une a su Novio y se vuelven una sola carne, un verdadero casamiento de Dios con la humanidad, en el que la libertad de Dios se vuelve la libertad de los seres humanos. Según la segunda premisa, los cristianos están vinculados los unos a los otros por el servicio, por la fe que los conduce a buenas obras, por la vida que llevan no para ellos mismos sino para los demás y, en consecuencia, están sujetos a las autoridades cuando éstas no exigen algo contrario a Dios.

Querer proponer a Lutero como pionero de la libertad de conciencia no condice con la verdad histórica. Antes que Lutero, otros se pronunciaron en este sentido, en especial Boecio (480—524) y Cassiodoro (480—575), quienes ya habían mencionado la «libertad de conciencia». Por lo tanto, presentar a Lutero como el primer pensador que formuló la expresión «libertad de conciencia» es falso. Sin embargo, durante la Edad Media (476—1453) ese término, tan común en nuestros días, raras veces se mencionaba. Lutero no dio origen a tal expresión, pero contribuyó a su preeminencia. Hacer lo que él hizo para posicionarse de esa manera fue uno de los grandes avances de su época.

Uno de los efectos del descubrimiento de Lutero sobre la justificación por la fe fue que «socavó toda la sofisticación del sistema eclesiástico que imponía múltiples cargos de conciencia y tributos financieros al pueblo». Lutero, al hablar sobre la gracia inmerecida de Dios, abrió el camino para la libertad de conciencia y de acción. Abrió las puertas a la gracia liberadora. Con la conciencia libre, la persona tiene libertad para pensar y obrar. Con la conciencia libre se puede reivindicar todo cambio sin temor, porque el cambio comienza en la conciencia.

El filósofo prusiano Fichte afirma, según Carter Lindberg, «que la contribución de Lutero a la libertad humana se percibe como una contribución universal, y no simplemente nacional».

Hubo varias citas a lo largo de la vida y escritos de Lutero en las que invocaba su conciencia. Sin embargo se destaca una, que utilizó cuando se encontraba ante el emperador del Sacro Imperio Romano-Germánico y se le exigió que se retractara. A lo que Lutero respondió:

> Puesto que Su Majestad y vuestras señorías exigen una respuesta simple, quiero darla sin rodeos de la siguiente ma-

> nera: A no ser que sea convencido por el testimonio de las Escrituras o por los argumentos evidentes (porque no creo ni en los Papas ni en los concilios exclusivamente, porque ciertamente los mismos fallaron muchas veces y se contradicen a ellos mismos), —y lo que está escrito procede de mi conciencia sumisa a las Escrituras, la cual está cautiva a la Palabra de Dios—, no puedo retractarme en nada, porque obrar contra la conciencia no es prudente ni íntegro. Que Dios me ayude. Amén. (Esa última frase está escrita en alemán, dentro del texto en latín).

El tema de la conciencia era tan importante para Lutero que él siempre hacía referencia a dicho término en sus obras. Por citar algunos ejemplos, en las *Consideraciones sobre la confidencialidad en la confesión* lo menciona seis veces; en *La vida matrimonial*, tres veces; en el *Comentario de Lutero sobre sus tesis debatidas en Leipzig*, nueve veces; en la *Exhortación a la paz: en respuesta a los doce artículos de los campesinos de Suabia*, once veces; en *Contra las hordas asesinas y ladronas del campesinado*, seis veces; en su *Carta*, de dos páginas, en respuesta a la publicación *Contra las hordas asesinas y ladronas del campesinado*, una vez; en el *Magníficat*, dos veces, yen *Comercio y usura*, ocho veces. Eran muy raras las veces que Lutero no usaba la palabra «conciencia» en sus escritos.

Debe notarse que los argumentos de Lutero se debían a que: 1) Su conciencia estaba cautiva a la Palabra de Dios. 2) Si le mostraban su error, mediante argumentos tomados de las Escrituras, *él* estaba dispuesto a retractarse. De lo contrario «no era bueno ni recomendable obrar en contra de la conciencia». El portavoz de la iglesia le dijo: «Renuncie a su conciencia. Nada hay más seguro que someterse a la iglesia». La tradición por encima de las Escrituras. ¡Exactamente lo que Lutero no toleraba!

Un ejemplo práctico de la libertad de Cristo en la vida de Lutero se encuentra en las letras de su propio apellido: Lutero. Martín Dreher relata que el reformador comenzó a utilizar este apellido a partir de sus escritos de 1518. Originalmente era Luder o Lüder, que en el alemán moderno se traduce como «vagabundo». Así que su verdadero nombre era entonces Martín Luder. Después de años de meditaciones, principalmente acerca del apóstol Pablo, el reformador descubrió la libertad en Jesús. De este modo, libre por la gracia y la fe en Cristo, comenzó a escribir su apellido utilizando la palabra griega *eleutheria*, que significa «libertad». De allí surgió Eleutherius, que derivó de este modo en su apellido: Luther/Luthero/Lutero: Martinus Eleutherius (Martín Lutero), aquel que había descubierto la *eleutheria*, es decir, la libertad en Cristo.

Los dos reinos

Este es uno de los temas más delicados, que tiene diversas interpretaciones. Por eso usaremos la reflexión que hizo Walter Altman sobre Lutero. Este maestro nos presenta con equidad la relación entre la iglesia y el Estado en Lutero. En otras palabras, «el poder temporal» y «el poder espiritual». Altman comienza afirmando esta dicotomía: «No podemos decir nada de Lutero» porque jamás separó la iglesia del Estado. Jamás los presentó «como instancias autónomas». Esa separación moderna tiene sus orígenes en el Iluminismo del siglo XVIII. Lo que Lutero hizo fue «oponerse a la distorsión que había en la iglesia en cuanto al poder temporal y político. Procuró mostrar una desvinculación entre esas funciones. Es responsabilidad de las autoridades realizar "reformas políticas, económicas y sociales que afecten a la iglesia; y le compite a ella confrontar a las autoridades políticas con la voluntad de Dios".»

Altman hace un paralelo entre el Estado y la iglesia, ejemplificándolo de la siguiente manera:

Estado	**Iglesia**
Secular	Espiritual
Orden social	Orden eclesiástico
Orden político	Orden privado
Cuerpo	Alma
Poder de la espada	Poder de la Palabra
Ley	Evangelio
Coerción	Amor
Castigo	Perdón

Otro hecho que debemos considerar sobre este tema es que, mientras Lutero trataba este asunto, las autoridades seculares, con la aprobación de la iglesia, comenzaron a prohibir la «compra y venta» de su traducción del Nuevo Testamento.

> ¿Quiere saber por qué Dios hace que los príncipes temporales yerren tanto? Pues yo se lo diré: Dios les corrompió los sentidos y desea exterminarlos, como exterminó a los aristócratas eclesiásticos. Porque mis inclementes señores, el Papa y los obispos, deberían ser obispos y predicar la Palabra de Dios. En este punto, sin embargo, permanecen callados y se convierten en señores seculares que gobiernan con leyes que conciernen solamente al cuerpo y a los bienes. Trastocaron todo de una forma maravillosa. Deberían gobernar al país y al pueblo. Sin embargo, no hacen eso. Solo saben despellejarlos y rasurarlos, cobrándoles impuestos tras impuestos, tributos y más tributos, soltando un oso aquí y un lobo allí. Además, no conocen la fidelidad ni la verdad, y se portan de tal manera que hasta los ladrones y bandidos considerarían excesiva. Su gobierno secular es tan decadente como el de los tiranos eclesiásticos. Por eso, Dios también les corrompió la mente, de modo que también proceden de manera absurda,

abrogándose un dominio especial sobre las almas, mientras que los otros quieren gobernar de forma secular.

Uno puede observar que Lutero hace una crítica enérgica con respecto a la mezcla en las áreas de acción que le conciernen a cada uno: la temporal y la espiritual. Pero, citando una vez más su obra clásica *A la nobleza cristiana de la nación alemana*, el reformador presenta 28 propuestas para el mejoramiento de la iglesia y de la propia nación. Al citar algunas de esas proposiciones, podemos percibir la vinculación de lo «espiritual» con lo «temporal» y la preocupación de Lutero por separar una de la otra para que cada uno obre en su propia área.

Algunas propuestas citadas por Lutero:

1. Todo príncipe, nobleza y ciudad deben prohibir, sin pestañear, que se entreguen las rentas [impuesto que se paga a la sede apostólica, correspondiente al alquiler de un año, de los que recibían beneficios o cargos eclesiásticos.] a Roma, aboliéndolas por completo.

2. Con sus maquinaciones romanas, recomendaciones, ayudas, reservas, *gratiis expectativis* [promesas de cargos eclesiásticos aún ocupados], mensualidades papales, incorporaciones, uniones, pensiones, reglas de cancillería y otras clases de canalladas de esa especie, el Papa se apodera de todas las fundaciones alemanas sin autorización ni derecho para eso.

3. Que se admita una ley imperial para que, de hoy en adelante, no se busque más en Roma ninguna capa episcopal ni confirmación de dignidad alguna.

4. Que ninguna cuestión secular sea llevada a Roma.

5. Que ninguna reserva [derecho sobre un feudo] pueda valer.

6. Se deben abolir también los *casus reservati* [casos en que la absolución de un pecador está reservada al Papa o a una persona autorizada por él].

9. El Papa no debe tener ningún poder sobre el Emperador.

10. El Papa debe abstenerse y «quitar su cuchara de la sopa», o sea no arrogarse ningún título sobre el reino de Nápoles ni de Sicilia.

16. Abolir o reducir los aniversarios de fallecimientos, servicios por los muertos y misas de réquiem.

17. Abolir algunas penas o castigos del derecho canónico, particularmente los prohibidos.

25. Las universidades también necesitan una buena y profunda reforma.

Estos ejemplos por sí mismos revelan el objetivo de Lutero para los nobles alemanes, es decir, llamarlos a cordura. Este discurso ciertamente agradó a la clase dominante. En verdad, lo que Lutero quería era una separación de funciones. Incluso afirmaba:

> Dejad que el emperador alemán sea el emperador de forma genuina y libre, no permitiendo que su poder y su espada sean anulados por esos ciegos alegatos de Papas hipócritas, como si estuviesen excusados para usar la espada y debiesen gobernar sobre todas las cosas.

Solo a partir del siglo XVIII el proceso de separación entre Estado y religión comenzó a ganar estabilidad... ¡Y Lutero fue uno de los que esparció la semilla!

El alemán moderno y la traducción de la Biblia

El tema del alemán moderno y la traducción de la Biblia hecha por Lutero están íntimamente relacionados. Al traducir las Escrituras originales al alemán, Lutero le dio forma al idioma germánico. Su traducción contribuyó al nacimiento del alemán moderno. Con esto no estamos afirmando que Lutero creó el alemán que se habla en nuestros días (aunque hay quien defienda esto), sino que más bien contribuyó a su formación. Para que su traducción pudiera ser comprendida por el pueblo, a fin de comunicarse mejor, Lutero inventó nuevos vocablos con el propósito de que hubiese un «alemán corriente». Esos vocablos y creaciones fueron asimilados por la sociedad alemana a lo largo de los años. Los que son esencialmente alemanes y muchos de los nuevos comenzaron a formar parte de la lengua popular o corriente. La Biblia de Lutero se propagó por toda Alemania y todavía existe. Él hizo que «ese viejo libro» se tornase una fuente de rejuvenecimiento eterno del idioma alemán. Todas las expresiones y todos los cambios que se encuentran en la Biblia de Lutero son alemanes- Los escritores pueden usarlos, y como el libro está en manos de las clases más pobres ellos no tienen necesidad de recibir lecciones sabias para expresarse de forma literaria. En el afán de alcanzar al pueblo con un texto de fácil asimilación, Lutero buscaba a los jóvenes e incluso a los niños para poder expresarse acorde a su comprensión. Visitaba las tiendas para descubrir la disposición de los intestinos de los animales a fin de aplicarlos al texto. También buscaba informaciones de los profesionales para conocer el funcionamiento de determinadas herramientas. Para traducir las partes del Apocalipsis en las que se habla de las piedras preciosas fue hasta la corte y, junto con el príncipe, las examinó. Creemos que se puede hacer una analogía de la Biblia de Lutero con la Biblia de Traducción al Lenguaje Actual. Funck-Brentano «justifica que los alemanes hayan hecho de Lutero un héroe nacional». El mismo autor cita a Henri Heine, cuando dice: «No sé de qué modo nació la lengua de Lutero, pero sé que por medio de su Biblia la lengua luterana se propagó a toda Alemania». También Néstor I. J. Beck afirma que «la lengua alemana por lo menos era cultivada, porque la lengua académica en las escuelas y universidades, en las iglesias y en el área administrativa y oficial era el latín». Esta lengua, a su vez, fue señalada como el «latín del monje» que indicaba que era despreciada y de mala reputación. Lutero había observado que al utilizar el latín «en las universidades y en los conventos no solamente no se aprende el Evangelio sino que también se corrompen el latín y el alemán».

Martín Dreher testifica que «su Biblia [la de Lutero] sirvió para la traducción a muchos otros idiomas». Además: «Su Biblia modeló la lengua alemana por siglos e influenció el lenguaje de todos los estratos sociales». Lutero dice:

> Sin embargo, me doy cuenta muy bien que teniendo como base mi traducción y mi alemán, ellos están aprendiendo a hablar y a escribir la lengua vernácula, robando, por tanto, mi lengua, la cual antes poco conocían; sin embargo no me agradecen por ello sino que prefieren utilizarlo en mi contra. Pero no les tengo a mal, ya que me hizo mucho bien [constatar] que a mis propios discípulos ingratos e incluso a mis enemigos enseñé a hablar.

A fines de la Edad Media la lengua alemana aún estaba compuesta solo de dialectos. Durante el siglo XV se creó la lengua nacional, llamada alemán común o vulgar. El emperador Maximiliano favoreció su difusión; pero ese alemán común no se volvió lengua literaria sino después de que Lutero lo divulgara. Si existe un pueblo deudor a Lutero, que siempre continuará siéndolo, es el pueblo alemán.

El profesor Marc Lienhard presenta algunas consideraciones en cuanto a la relación de Lutero con la lengua alemana. Destaca que el alemán al que Lutero dio forma principalmente se usaba en la «Alemania luterana», es decir, en la parte central. El alemán actual, aunque también recibió la contribución de Lutero, es fruto de un proceso que duró siglos, y que finalizó en la unificación alemana del siglo XIX. Había un interés no solamente de los editores de Lutero por publicar sus escritos en alemán, sino también de los líderes políticos. Por ejemplo, en 1520, el 90% de sus escritos se producían en latín, habiendo menguado en un 7% alrededor del 1570. De esta manera, el alemán avanzaba paulatinamente. Un idioma no nace de un día para el otro. La contribución de Lutero a la lengua alemana se dio principalmente en la Alemania central y, a partir de allí, se expandió a todo el país.

Ya en áreas de gran influencia del catolicismo el latín era la lengua que se utilizaba. A partir de los siglos XVII y XVIII el alemán comenzó a imponerse como lengua nacional. La traducción de la Biblia constituyó uno de los principales legados de Lutero para el mundo contemporáneo. Él no fue el pionero de la versión alemana, ya que antes de esta hubo varias otras, sin embargo eran caras y estaban destinadas a las personas ricas. Los valdenses o albigenses también habían hecho sus propias versiones. En realidad, no había ninguna versión oficial. Basta con decir que la propia Vulgata se volvió oficial solamente en el Concilio de Trento.

La traducción de Lutero era para el pueblo. Él mismo visitaba a las personas simples y conversaba con ellas a fin de producir un texto que fuera no solamente fiel a los originales sino también accesible para el pueblo. En 1530, el reformador dijo:

> No se debe preguntar a las letras latinas cómo deben hablarse en alemán, como hacen esos burros, pero sí es necesario preguntarlo a las mamás en sus casas, a los niños en las calles, al pueblo en el mercado, oír como ellos hablan y traducir de esa manera, entonces comprenderán y se darán cuenta que se está hablando el alemán que ellos hablan.

Considere el argumento de Lutero al traducir Lucas 1:28.

> [...] cuando el ángel saluda a María, diciéndole: «Salve, María, llena eres de gracia», así es como se tradujo hasta ahora, siguiendo simplemente la escritura del latín. Pero dígame: ¿Está bien dicha esa frase en alemán? ¿Cuándo un alemán diría: «Llena eres de gracia»? ¿Quién es el patricio que entendería el significado de «llena de gracia»? Tal vez pueda pensar en un barril lleno de cerveza, o en una bolsa llena de dinero; por eso yo traduje: «graciosa», de manera que un alemán pueda asociarlo mejor al sentido que el ángel quiso darle en su saludo. Y si hubiese tomado la mejor enunciación de la lengua vernácula traduciría el saludo de la siguiente manera: «Dios te bendiga, querida María».

Como era de esperarse, Lutero recibió duras críticas de sus oponentes sobre su traducción. Una de ellas fue la de incluir la palabra «solamente» o «sólo» en su traducción de Romanos 3:28, cuando de hecho el original griego no incluye esa palabra. Lutero se defendió confirmando que *sola* (sólo por fe) no existía, sin embargo, su traducción era para el pueblo alemán y no necesitaba expresarse en latín o en griego.

Recuerdo una canción, cuando era niño, que tuvo gran éxito en esa época, cuyo nombre era *Corazón de luto*. Se trataba de un adolecente que al llagar a su casa descubrió un grave accidente: su madre había fallecido a causa de un incendio en la casa donde residían. De este incidente se compuso una canción, cuya letra decía «murió quemada en el fuego». La crítica comenzó a llover, porque si había muerto quemada sólo podía ser a causa del fuego. Había una reiteración en la frase, ya que bastaba con decir «murió quemada». Sin embargo, la crítica tal vez olvidó que el joven del interior usaba un lenguaje simple. Era una forma de enfatizar y agregar más dramatismo a la situación. Esa era la misma preocupación que tenía el Reformador: para dirigirse al pueblo alemán era necesario usar el «solamente» en el texto. Y continuó firme en su propósito. Vale la pena señalar que la traducción del Nuevo Testamento fue hecha en aproximadamente tres meses, durante el periodo que estuvo en Wartburgo.

Lutero afirmó que conocía muy bien el arte de traducir, y declaró:

> Yo lo conozco muy bien; ellos [sin embargo] (refiriéndose a sus opositores) conocen menos que el animal de la molienda (propietario del molino) el arte, la dedicación, la razón y la comprensión que caracterizan a un buen traductor, porque ellos ni siquiera lo intentan.

Para realizar la traducción Lutero tenía su «sanedrín», como acostumbraba llamar a su grupo de auxiliares:

> Muchas veces nos sucedió que nos deteníamos con una palabra catorce días o cuatro semanas, buscando o preguntando el significado de esta, y, aun así, algunas veces no lo encontrábamos. Durante nuestra labor con el Libro de Job, el maestro Felipe, Aurogado y yo, a veces pasábamos cuatro días sin lograr terminar tres líneas. Mi querido, ahora que está traducido y listo, cualquiera puede entenderlo. Revisa tres o cuatro hojas con sus ojos y no tropieza, porque no

> sabe que las piedras y troncos que allí había, por donde ahora él pasa como sobre una tabla plan, nos llevaron sudor y angustias hasta lograr sacarlos del camino para que ahora se lea con tanta facilidad.

Respecto de la traducción de su Biblia, el reformador afirma:

> Ah, la traducción no es un arte para cualquiera, como juzgan esos santos malvados; para tal cosa es necesario tener un corazón fuerte, probo, fiel, dedicado, temeroso, cristiano, estudiado, experimentado y entrenado. Por eso opino que ningún falso cristiano con espíritu sectario puede traducir con fidelidad.

¿Cuál habría sido la cantidad de copias de la Biblia de Lutero? Según Martín Dreher, entre «cien mil y un millón de ejemplares», sumándose las impresiones realizadas fuera de Wittenberg. Hans Lufft, el dueño de la imprenta, se volvió rico con esa Biblia. Lutero no obtuvo ninguna ganancia de la traducción de su Biblia; trataba, según sus palabras de «servir».

Por tanto, parafraseando a Pablo, «somos deudores», de Lutero. Hoy son pocos los que no están en condiciones de conseguir una Biblia.

Desarrollo del Estado moderno

No debemos buscar similitudes entre el pensamiento de Lutero y el de Maquiavelo sobre esa cuestión. Ambos abogaban por un control central, pero sus argumentos eran diferentes. Maquiavelo escribió *El Príncipe* en 1513, cuya publicación fue póstuma (en 1532), de donde surgió incluso el refrán que se le atribuye: «El fin justifica los medios». Y, aunque no fue él quien lo inventara, al leerse su obra puede percibirse ese adagio.

Lutero vivió en una Alemania que no conocía un Estado fuerte y centralizado, de manera que intentar hacer del reformador un «teórico del absolutismo» sería exagerar e ir más allá de la verdad. Dejémosle ese título a Nicolás Maquiavelo. Sin embargo, podemos detectar varias contribuciones de Lutero que ciertamente contribuirían a lo que hoy se conoce como el Estado Moderno, sea este democrático o autoritario.

El tema se trata especialmente en su escrito clásico *De la autoridad secular y en qué medida se le debe obediencia*, publicado en 1523.

No podemos exigir de Lutero un enfoque sobre el régimen absolutista tal como fue su desarrollo en varios países europeos. Él no poseía esa postura política, aunque, al escribir defendía un tipo de gobierno que, en su opinión, ambicionaría un poder central o centralizador. Hizo su abordaje desde una perspectiva cristiana, citando siempre las Escrituras.

Lutero dividió la obra en tres partes. En la primera justifica la existencia de la autoridad secular en la tierra y cómo debe ser ejercida en un marco cristiano, sin traspasar sus límites. En la segunda parte aborda el tema de hasta dónde se debe extender esa autoridad secular. En la última parte presenta el argumento del uso del «derecho» de los príncipes.

El trabajo que nos proponemos es analizar la primera parte, pues más allá de alcanzar el objetivo propuesto al abordar nuestro tema, evitamos extendernos demasiado en esta obra.

Lutero escribió la obra, ofreciéndola al duque Juan, futuro príncipe de Sajonia, quien sustituiría a su hermano Federico, el Sabio. Este fue un gran amigo de Lutero y de una profunda convicción evangélica. Y, aunque fue escrita específicamente para el duque, su obra se difundió y sirvió de orientación para los demás príncipes en sus jurisdicciones. También se debe tener en cuenta que esta obra fue escrita en el contexto de la iglesia oficial para que se inmiscuyera en la administración secular y ésta, a su vez, en la esfera espiritual. La búsqueda de Lutero era separar las esferas o áreas de poder.

Lutero comenzó su argumento fundamentando que el príncipe tenía por voluntad y mandamiento de Dios el derecho y la espada secular. Ese derecho existe desde el origen del mundo, y citó el caso de Caín quien al matar a su hermano Abel tuvo miedo de morir, entendiéndose así que Caín sabía que el asesino debía morir. A partir de ese ejemplo, comenzó a citar otros del Antiguo Testamento y también del Nuevo, aludiendo principalmente a los apóstoles Pablo y Pedro. Reprendía a los «sofistas» [refiriéndose a los teólogos escolásticos, vinculados a la iglesia, que habían interpretado el uso de la espada como «consejo»). Y lo defendía como un mandamiento. Los príncipes obran como «servidores de Dios», dando a entender que la autoridad tiene tal naturaleza que se puede servir a Dios a través de esta. Presentó varios ejemplos de hombres de Dios y autoridades a las cuales nunca se les exigió que dejaran las armas, tales como Cornelio, el eunuco que se menciona en Hechos, o el procónsul Sergio Paulo en Hechos 13. Eso solo por citar algunos ejemplos. Argumentaba que el poder secular fue instituido por Dios para mantener el orden entre los cristianos y los no cristianos. Y declaró: «Es cierto, y queda muy claro, que es la voluntad de Dios que la espada y el derecho secular sean usados para castigar a los malos y proteger a los piadosos».

También es necesario hacer una observación o justificación acerca de la postura tan radical de Lutero en el tratamiento que hace sobre los rebeldes de su sociedad. En la actualidad diríamos que estaba del «lado de los poderosos» en detrimento de los «débiles y oprimidos». Sin embargo esa no es la verdad, porque Lutero criticaba tanto lo uno como lo otro. Francamente, él desconocía lo que hoy conocemos como democracia. Ese concepto solamente tendrá su aplicación y reivindicación a partir del siglo XVIII. Por lo tanto su enfoque era bastante «evangélico».

Lutero dividía a los hijos de Adán y a todas las personas en dos grupos: «Los que pertenecen al reino de Dios y los que pertenecen al reino del mundo». Para que estos grupos continúen coexistiendo era necesario que tuviesen leyes, y que se los controlara para que no se destruyeran entre sí. Por tanto habría una institución divina que abarcaría dos áreas: la espiritual, «que engendra cristianos y personas justas por medio del Espíritu Santo» y la temporal, que «combate contra los cristianos malos a fin de mantener la paz externa, y que deban ser cuerdos aún contra su voluntad».

La aplicación opuesta a las enseñanzas de Lutero se produjo durante el gobierno Nacional Socialista de Alemania del siglo XX, que trataba de justificar su práctica política por medio de los escritos de Lutero. De cierta manera, esa distorsión evidenciaba la necesidad de un poder represivo y fuerte en la sociedad.

Acerca de la liturgia

Lutero trató este asunto a medida que la Reforma iba evolucionando. Al principio, trabajo más con las cuestiones directamente vinculadas al movimiento de la Reforma, las que eran imprescindibles para ese tiempo. Sin embargo, la Reforma avanzaba y surgían nuevos movimientos, incluso desentonando con el del reformador. Diversas ciudades y regiones alemanas celebraban sus cultos sin uniformidad.

Sin embargo, en 1523 comenzaron a llegarle pedidos a Lutero para que hubiera uniformidad en la realización de los cultos o misas, conforme a los modelos de la liturgia alemana. Tanto los teólogos, como las comunidades, los nobles e incluso el príncipe elector de Sajonia se manifestaron en este sentido. Lutero se mostraba reacio porque no se sentía preparado en cuanto a cómo debía ser la música en la liturgia. También porque estaba en plena disputa con Erasmo de Rotterdam sobre el *Libre albedrío*.

Sin embargo, no había manera de seguir postergándolo. En 1525, incluso con la explosión de la revolución campesina y su disputa con Erasmo, Lutero se lanzó a este desafío.

Es imposible presentar en pocas líneas la reformulación completa de Lutero. Por tanto, comentaremos solo algunos aspectos normativos lanzados por él. En primer lugar, Lutero fue «democrático», al proyectar este «orden de culto» a fines de 1525. Al respecto, dijo:

> A todos los que lleguen a ver este orden de culto o deseen seguirlo de ninguna manera hagan de él una ley obligatoria, no comprometan ni apresen la conciencia de ninguno, sino hagan uso de la libertad cristiana.

Afirmó que esta liturgia se aplicaría en especial en la ciudad de Wittenberg: «Las otras regiones no necesitarían abandonar las suyas para someterse a nosotros». Sí recomendaba que «en cada región se celebrase el culto de manera uniforme, y que los lugares y aldeas circunvecinas procediesen de la misma forma que las ciudades más próximas».

Lutero propuso tres tipos de culto o misa: Formulario de misa, misa o culto en alemán y auténtico orden evangélico. El formulario de misa era una especie de ecumenismo de Lutero. En este culto los católicos deberían oír la misa en latín. Se dirigía también a los jóvenes estudiantes para hacerlos practicar el idioma. La misa o culto en alemán estaba destinaba al «pueblo simple». Muchos de los que asistían a la misa no eran creyentes sino simples oyentes. «Oficiada en lengua alemana, promovía la fe y ganar para la fe». Tenían también lo que Lutero denominó el auténtico orden evangélico para «los que sinceramente querían ser cristianos y confesar el Evangelio en palabras y obras». En ese culto se podían reunir *«para orar, leer las Escrituras, bautizar y celebrar la Santa Cena»*. ¿Acaso no estarían aquí los principios que se convino hoy llamar cultos administrativos, de enseñanza, de doctrina, de oración y otros términos a criterio de las denominaciones?

En todas las liturgias sugeridas por Lutero la prioridad era la exposición de las Escrituras o predicación. Steven J. Lawson provee datos sobre el énfasis de Lutero en relación con la exposición bíblica:

- Predicaba dos o tres veces por semana.
- Los domingos predicaba dos o tres veces.
- Escribió 7.000 sermones entre 1510—1546.
- Escribió treinta sermones sobre la Epístola a los Romanos.
- Realizó 2.300 exposiciones por escrito.
- Realizó más de mil exposiciones sobre los Sinópticos.
- Durante toda su vida predicó un promedio de dos sermones cada dos días.
- Predicó su último sermón el 14 de febrero de 1546, sobre Mateo 11:25-30, cuatro días antes de su muerte, el 18 de febrero.

La semana de Lutero estaba completamente dedicada a la predicación. Se dice que él no hacía el trabajo de un hombre sino de diez. El púlpito era el trono de la Palabra de Dios. Así él se expresaba. El hilo conductor del inicio al fin de la Reforma fue el estudio de las Escrituras. En sus escritos y sermones, Lutero siempre se presentaba como doctor de la Biblia, que para la época significaba que sería un «alumno vitalicio de ella».

Predicaciones semanales de Lutero:

Domingo: Dos o tres veces.
Culto de las 5: Sermón de una Epístola.
Culto de las 9 horas: Sermón extraído de los Evangelios.

	Culto vespertino: Sermón basado en el Antiguo Testamento.
Lunes:	Predicación sobre el catecismo mayor y menor.
Martes:	Predicación sobre el catecismo mayor y menor.
Miércoles:	Predicación sobre Mateo.
Jueves:	Predicación sobre las Epístolas.
Viernes:	Predicación sobre las Epístolas.
Sábado:	Predicación principalmente del Evangelio de Juan.

Existen documentados solo 30 sermones sobre la Epístola a los Romanos, pero sobre los Evangelios sinópticos hay más de 1.000. Y acerca del Evangelio de Juan, cientos de sermones.

Por supuesto, no dejamos de lado los himnos. que, por cierto, fueron muchos. Los himnos de Lutero se cantaban en las calles. Con respecto al himnario, en nuestras iglesias hoy también tenemos en Lutero a un pionero. Se sabe que en 1524, según el historiador Martín Dreher, Lutero editó con Johann Walter, «un himnario "coral" y no un himnario comunitario». ¿Acaso no sería este el origen de la práctica de los himnarios en nuestras iglesias? El mismo autor afirma que a fines del siglo XVI, «Lutero ya habría compuesto 137 himnos», lo que consideraba como «no histórico». Se le atribuye la composición de entre 30 y 35 himnos. ¿Quién no conoce el hermoso himno «Castillo fuerte» incluido en muchos himnarios evangélicos? Según algunos biógrafos, habría sido compuesto en ocasión de la Dieta de Worms, cuando se presentó ante el emperador, los príncipes alemanes y la Curia romana.

Para algunos, la composición de himnos de Lutero fue más influyente que la traducción de las Escrituras. Mencionaremos algunos ejemplos: Cantor cristiano, N° 232 (Bautista); Arpa Cristiana, N° 581 (Asambleas de Dios); Himnario Adventista, N° 33 (Adventista); Himnario para el culto cristiano, N° 406;

Nuevo Cantico, Nº 155 (Presbiteriana); Salmos e Himnos, Nº 640 (Congregacional); Himnos del pueblo de Dios, Nº 197 (Iglesia Evangélica Luterana del Brasil) y Nº. 97 (Iglesia de la Confesión Luterana del Brasil).

Con los niños tenía una deferencia especial. Decía que no darles prioridad en la liturgia era «cometer pecado». Sería necesario abrir un paréntesis con respecto a los niños acerca del trabajo fundamental que realizó su esposa, Catalina de Bora, pero ese sería un nuevo capítulo en sus obras.

Hablar acerca de Lutero es considerarlo también como médico del alma. Esta sería otra contribución del reformador.

Lutero y el psicoanálisis

Mediante una lectura extensa acerca de Lutero se descubren cada vez nuevos afluentes para este gran río.

Hay un legado que necesita ser investigado y ampliado: Lutero como psicoanalista. Es indiscutible que Freud es el «padre» del «psicoanálisis moderno». Sin embargo, leyendo recientemente a Rubén Alves en la obra Historia de la teología de América Latina, el autor relaciona a Lutero con el psicoanálisis. Luego de revelar algunos errores cometidos en el pasado, Rubén Alves afirma que podríamos «comprender algunos de los desarrollos históricos, de nuestros contemporáneos, que se generaron en aquella época. Contribuciones «de Lutero al psicoanálisis, del Calvinismo al capitalismo, de Münzer a Marx y Engels». El reformador no había imaginado que también contribuiría en el área del psicoanálisis. A partir de allí hice una retrospectiva de mis lecturas sobre Lutero. Comencé a relacionar afirmaciones aquí, posicionamientos allá, diversos consejos que les daba a los angustiados y una variedad de procedimientos que evidenciaban que este gran hombre del siglo XVI fue un médico del alma. Hablar de Lutero como psicólogo es un desafío que se debe hacer a fin de mostrarlo como un doctor del alma humana.

De manera que me puse a investigar a Lutero y el psicoanálisis, consiente de todas mis limitaciones en esta área. Es oportuno resaltar la diferencia entre Lutero y Freud, quien vivió más de 300 años después de la muerte del reformador, en su análisis psicológico del ser humano. Freud utilizaba medios tales como la hipnosis, el análisis y la interpretación de los sueños, la asociación libre, el Complejo de Edipo, los actos fallidos [o desliz freudiano], el sentido de los síntomas, entre otros. Por su parte, Lutero utilizaba los conceptos bíblicos-teológicos para tratar los conflictos internos de las personas.

Analicemos el tema del pecado y sus efectos en el ser humano según la perspectiva de Lutero. Él describía a una persona afectada por el pecado como «inclinada hacia sí misma». El pecador tiene tal inclinación que no reconoce su propia enfermedad espiritual. Y hace del yo el objeto supremo de esta inclinación. En el comentario que hace sobre la Epístola a los Romanos 1:20, Lutero decía que la raíz de toda idolatría era la inclinación del ser humano a «no adorar a Dios como tal sino como imaginan que es». Me parece que Lutero ya visualizaba al dios capitalista de nuestros días, al utilizarlo como una mercadería de los estantes de un supermercado, del que escogemos y llevamos lo que nos interesa o necesitamos en el momento. Dios es como «esa mercadería» que está a nuestra disposición según nuestras necesidades. Basta con determinar lo queremos y listo, nos será entregado. Solo tenemos que decidir lo que queremos y Dios va a «cumplir el deseo de nuestro corazón». Lo convertimos en el Dios de nuestros deseos, en vez de dejar que Dios sea Dios. Como la oración del obispo Casaldáliga: «Dios mío, ayúdame a ver a Dios». Lutero, comprendiendo la naturaleza humana, rompió con esa postura carnal que tenemos de Dios, como consecuencia del pecado en nosotros, a fin de desmoronarla. Para

Lutero Dios no nos fue revelado, lo que se clasificó como la teología de gloria, o mejor dicho, una teología de las obras de Dios. Dios se revela en el sufrimiento, en lo oculto. Es el Dios *Absconditus*, aquel que se revela en lo oculto de nuestra alma y de nuestra existencia mediante la fe.

Dejemos que el propio reformador nos hable de este tema tan sublime:

> Para que haya lugar para la fe es necesario que todas las cosas que se creen estén escondidas. Pero no pueden estar más escondidas de lo que están para el que sí tiene la visión, que percibe y experimenta. De modo que cuando Dios vivifica lo hace matando; cuando justifica lo hace incriminando; cuando lleva al cielo lo hace conduciendo al infierno. Como dice la Escritura: «Jehová da la muerte y la vida; hace descender al Seol y retornar» (1 Sm 2:6).

Cuando no se percibe esa verdad el ser humano queda «en un túnel sin salida» y, en consecuencia, la frustración, depresión, inquietud, los nervios y otros males comienzan a ser parte de nuestra psique, y creamos imágenes de este propio mal que está en nosotros. Respecto del mal en nosotros, Lutero afirmo que:

> Esto es cierto y verdadero, sea que la persona crea o no: no puede haber sufrimiento tan grande que sea peor que los males que lleva dentro. Los males que hay dentro de ella son mucho más numerosos y mayores que aquellos que siente.

Esas palabras fueron dirigidas a uno de sus pacientes y revelan, en realidad, una situación vivida por él mismo.

Para Lutero, la justicia de Dios es Dios que viene al ser humano a través de Cristo y, a través de él, lleva nuestros dolores. Es el «médico herido» tal como Cristo.

Para el abordaje de este aspecto de Lutero citaremos solamente dos ejemplos, que muestran al reformador como médico del alma que buscaba en la palabra de Dios las respuestas a los anhelos del ser humano, sea cual fuere su necesidad. De hecho, era siempre su método para tratar las cuestiones que llegaban a él.

El primer caso a citar es el de una mujer llamada Bárbara Lisskirchen que temía no estar entre los elegidos. Lutero le respondió afirmando que la solución estaba en una fe genuina en Cristo basada en las Sagradas Escrituras, como por ejemplo:

Preguntar en qué mandamiento estaba escrito, y que ella debería pensar en esto. Al percibir que no existía ningún mandamiento al respecto expulsaba ese «diablo» que quería preocuparla con ella misma, sabiendo que Dios cuida de nosotros.

Mantener ante sí la imagen del Hijo de Dios. Cada día Cristo debía ser su excelente espejo para que observara cuánto Dios la amaba. Lutero le declaró a la mujer que no debía permitir que fuera quitado de sus ojos este reflejo del espejo para contemplar a Cristo, que fue entregado por nosotros. «Entonces, señora, se sentirá mejor».

El segundo ejemplo es el más completo. Se trata de la carta que le escribió al príncipe Federico, el Sabio, su protector durante los años difíciles del inicio de la Reforma.

A mediados de 1519 el príncipe se enfermó gravemente: tenía fiebre, gota (inflamación de las articulaciones en los dedos de los pies) y cólicos renales. Muchos pensaban que la muerte de Federico no sería nada bueno para Lutero y para la causa de la Reforma. El capellán de la corte y secretario del príncipe pidió a Lutero que escribiera una carta de consuelo para el príncipe elector (era uno de los siete príncipes que escogían al sucesor del emperador del Sacro Imperio Romano-Germánico). Fue un momento muy delicado para Lutero, con su postura crítica, franca y sincera, porque el príncipe era un ferviente coleccionista de imágenes y reliquias que Lutero tanto condenaba. El príncipe poseía miles de objetos sacros, todos guardados con veneración. Se menciona que en 1518 tenía 17.443 reliquias, cuyas indulgencias obtenidas por ellas llegaban a un total de 127.799 años y 116 días libres del purgatorio. También poseía 14 santos considerados auxiliares de las necesidades humanas, tales como dolor de dientes, garganta y cabeza, pestes, dolores físicos de toda clase, ataques de malos espíritus, y lucha contra el bien y el mal. Estos santos estaban en el altar de la iglesia de María, la cual el príncipe frecuentaba.

¿Cómo podía obrar Lutero ante este cuadro sin herir su propia conciencia? ¿Cómo decir la verdad sin herir la mente enferma, tanto física como espiritual, del príncipe? Cuando leemos los consejos de Lutero se percibe el equilibrio, el discernimiento y la espiritualidad de este reformador. Es en este momento que percibimos a Lutero como un médico del alma.

Sabiendo que el príncipe tenía ante sí 14 santos que podrían auxiliarlo en su enfermedad, Lutero no se atuvo a las imágenes y lo que ellas representaban sino que presentó una reinterpretación. De manera coherente y bíblica, fue «guiando» la piedad del príncipe hacia las Escrituras y, paulatinamente, lo guio del culto a las imágenes al culto al propio Cristo, sin ocultar que tanto los sufrimientos como las bendiciones son realidades de la vida.

Lutero utilizó 14 consolaciones, teniendo en cuenta el número de santos que recibían la devoción del príncipe, aunque sin atacarlos, pero transfiriéndola hacia la realidad de fe en Cristo y en las Escrituras.

El reformador presentó siete males y siete bienes como parte de la vida del ser humano. Presentó los males en imágenes, tales como: el mal en nosotros; el mal frente a nosotros; el mal detrás de nosotros; el mal debajo de nosotros; el mal a la izquierda; el mal a la derecha y el mal arriba de nosotros. Después, el «siquiatra» Lutero habló acerca de los siete bienes, también en imágenes, tales como: el bien interno; el bien futuro; el bien pasado; el bien debajo de nosotros; el bien a nuestra izquierda; el bien a la derecha y el bien encima de nosotros. Al hablar sobre el séptimo bien, Lutero expresó, a modo de conclusión, palabras consoladoras, revelando que el mal y el bien nos llegan a todos, pero así como Cristo recibió fuerzas del Padre, así también nosotros recibimos de él la fuerza, la confianza y los beneficios, aun siendo «indignos»: Cristo es el medio más agradable «que fue hecho por Dios justicia, santificación, redención, sabiduría»; aunque soy pecador «ando en su justicia que me es concedida»; aunque en mi inmundicia mi santificación «es su santidad, en la cual ando de modo agradable»; aunque soy estúpido «su sabiduría me guía»; estoy condenado pero «su libertad y mi redención, un medio segurísimo».

Palabras como esas solo un «psicólogo» con una experiencia profunda con Dios puede transmitir al alma afligida, como bálsamo consolador y restaurador. ¡Y Lutero fue ese psicólogo!

Debido a la imposibilidad de hablar sobre los males y bienes invocados por Lutero, y para no extender esta exposición demasiado, nos limitaremos a citarlo. Son muy edificantes las palabras de Lutero en relación al séptimo bien, el cual vale para todos los demás:

> Esta única imagen [la séptima], si no hubiese otras, puede imbuirnos de tanta consolación, si se la considera adecuadamente y con un corazón atento, que no solo padecemos por nuestros males sino que también nos gloriamos en nuestras tribulaciones a causa del gozo que tenemos en Cristo, y casi no las sentimos.

El informe de Martín Dreher es un buen resumen del propósito del reformador:

> Partiendo de los siete males, se presenta una descripción de la situación del ser humano: pecado, miedo, peligro, muerte,

infierno, injusticia y cruz. Esa situación está limitada por la solidaridad de Cristo con nuestros sufrimientos, porque Él también santifica el sufrimiento. Por lo tanto, no solo es posible soportar el sufrimiento sino también amarlo. Los siete bienes son aplicados a la situación del ser humano, porque a este son dadas la Palabra y la fe. Al ser humano se le anuncia la paz y la compañía de Dios.

Concluiremos este legado con las palabras finales de Lutero al príncipe elector Federico III, en 1520, que, incluso antes de morir en 1525, confesó abiertamente la fe evangélica, recibiendo la Santa Cena con los dos símbolos, el pan y el vino. Lutero concluyó:

> *Con estas mis pequeñeces (minucias, bagatelas), mi muy lustre Príncipe, que atestiguan una especie de oficio de mi pobreza, recomiendo a vuestra alteza, extremadamente dispuesto a ofrecer cosas mejores, si la facultad de mi espíritu algún día corresponde a lo que me propongo. Porque jamás dejaré de ser deudor de cualquier prójimo mío, principalmente de vuestra alteza, al que nuestro Señor Jesucristo, por su clemente bondad, preserve incólume por mucho tiempo y finalmente guíe hacia sí a través de un final bendecido. Amén.*
> Intercesor de vuestra excelentísima alteza
> —Fray Martín Lutero, agustiniano de Wittenberg

Reformulación y formación de la identidad católica

Representa un verdadero desafío la presentación de este nuevo legado de Lutero, porque no atañe a los protestantes sino al catolicismo. Creemos que no exageramos al afirmar que, al menos indirectamente, Lutero también aportó un legado al catolicismo.

De cierta forma, contribuyó a una reformulación e incluso, mediante un proceso, a la formación de la identidad católica. Lutero, después de 1517 «provocó» a la iglesia católica por haber expuesto de modo dogmático las doctrinas de la tradición, del pecado original, de la justificación y muchas otras. Según Kurt D. Schmidt, «fue apenas una reflexión parcial», sin embargo no dejó de ser el principio de una «renovación». Claro que la iglesia, como institución, no reconocerá sin restricciones esa postura. Produciría un shock muy fuerte si reconocieran que el propio Lutero contribuyó al catolicismo actual. Sin embargo, de esto hablaremos, puesto que la intención de Lutero era traer una «renovación» a la iglesia de su época. Él no abogó por una nueva iglesia; incluso se sabe que dejó los hábitos como sacerdote católico recién en 1524. La ruptura definitiva se produjo como una evolución precipitada de parte de algunos clérigos.. Sin embargo este punto se encuentra fuera del abordaje de esta obra.

Para esta presentación usaremos principalmente el artículo de Walter G. Kunstmann, El Concilio de Trento y el Concilio Vaticano I, en *El catolicismo romano*, un simposio protestante de 1962. También fue oportuna la obra de Alister E. McGrath, *El pensamiento de la Reforma*.

Es muy sabido por los estudiosos que la iglesia oficial, desde la Edad Media, se mostraba en varios aspectos como una colcha de retazos. Carecía de unidad en diversas cuestiones doctrinarias. Basta citar que, en plena época de la Reforma, no había una postura oficial sobre la cuestión fundamental de la fe cristiana, que es la justificación del pecador ante Dios. No había unanimidad acerca del concepto de iglesia. Incluso respecto de la inmortalidad del alma, hubo un Concilio para ratificar esa enseñanza. Sin entrar en detalles, podemos enumerar diversas crisis que la iglesia tuvo que enfrentar en vísperas de la Reforma: de autoridad, de unidad espiritual, de moral e intelectual, que tuvieron como resultado una confusión teológica. Voces discordantes se oían por todos lados. Ante esa situación, las voces de la propia iglesia se levantaron clamando por cambios, y esta, con todo su poderío, actuó inmediatamente para silenciarlas, valiéndose de la inquisición, los concilios y demás mecanismos.

Destacaremos tres momentos cruciales y determinantes para el catolicismo moderno que se complementan, aunque distantes en el tiempo. Uno es el Concilio de Trento, en el siglo XVI; otro el Concilio Vaticano I, en el siglo XIX; y, por último, el Concilio Vaticano II, en el siglo XX. Estos tres Concilios fueron ajustando al catolicismo frente a los nuevos desafíos que se presentaban. Es interesante notar que estos ajustes siempre se realizaron en épocas de crisis. En estos poco más de 400 años se fue procesando la construcción, formación e identidad del catolicismo contemporáneo. Incluso a mediados del siglo XVI, durante el Concilio de Trento, nació la nomenclatura Iglesia Católica Apostólica Romana. En este Concilio los desafíos eran grandes, en función de las reformas que se extendían por toda Europa. En el Concilio Vaticano I las nuevas corrientes ideológicas y el liberalismo emergieron como respuesta a lo que se acordó en llamar el Antiguo Régimen, con el cual la iglesia se identificaba. En el siglo XIX se acordó, de forma general, identificar al catolicismo como retrógrado y al protestantismo como progresista. En el Concilio Vaticano II, ante todo el proceso de cambios y transformaciones que se produjeron en el mundo después de la guerra, se concluyó que la iglesia necesitaba una modernización frente a las nuevas circunstancias que se presentaban, tales como una creciente urbanización, la secularización y el surgimiento de nuevos factores sociales. Estos ajustes no se dieron de manera moderada. Al contrario, debido a las circunstancias, se produjo una radicalización. Sin embargo, eso no podía ocurrir en el Vaticano II porque los tiempos eran otros. De manera que existía una «brecha» en este mencionado Concilio. Creemos que el resultado fue positivo para el catolicismo en el mundo, porque esos desafíos condujeron a cambios y ajustes en conformidad con los nuevos tiempos, garantizando su supervivencia.

Hemos observado que cualquier institución, cuando pasa por crisis o por dificultades, por lo general, toma una posición radical en sus medidas o soluciones. Es un «cúmplase», le duela a quien duela. En época de crisis se debe mostrar firmeza, determinación y resolución, aunque muchas veces sean arbitrarias. Esto también se aplica al día a día de las personas. Basta solamente con pensar en las situaciones difíciles que cualquiera atravesó y tratar de ver qué actitud tomó para salir de las mismas. No fue diferente con el catolicismo del siglo XVI. Había muchas voces... Voces discrepantes.

Voces discrepantes

Al hablar acerca de esas voces, inmediatamente, vienen a nuestra mente los considerados «herejes», tales como Wycliffe, Savonarola, Huss y muchos otros. Sin embargo, escucharemos las voces de los herejes, que también anhelaban mejoras en la iglesia e incluso una reforma en la «mente de sus miembros». Había un gran clamor para que la iglesia volviera a la pureza del tiempo apostólico. Y este crecía a medida que la iglesia no les daba una respuesta. Al menos muchos reconocían la necesidad de que se realizara una reforma. Son diversas las situaciones a lo largo de los siglos que fueron preparando el terreno para una reforma en la misma iglesia. Una fue el episodio de Avignon, cuando hubo simultáneamente tres papas, incluso uno que excomulgó al otro, haciendo de «obispo universal» aunque era un simple obispo de la corte francesa. Otro factor de separación fue el Cisma de Oriente con el surgimiento de la iglesia ortodoxa.

Francisco de Asís había trazado normas para la Reforma, pero él mismo no era bien visto por la Curia romana. La propia aceptación de su orden fue una estrategia para ganarlo para sí, es decir, para la iglesia. Existe un viejo refrán que dice: «Si no puedes con tu enemigo, únete a él».

Desde la Edad Media tardía el linaje de los Papas era de cultura renacentista. El dinero, la lujuria y el poder guiaban las prácticas en la iglesia, pero se dedicaban muy poco a las oraciones, la sanidad del alma y la vida sacerdotal. En las primeras décadas del siglo XIV la crisis se intensificó, cuando Wycliffe llamó al Papa anticristo. A fines del siglo XV había un clamor contra la dictadura de Roma. Las incertidumbres teológicas, la falta de dictámenes precisos y de claridad dogmática (y eso sin hablar de los movimientos considerados herejes), la incertidumbre en cuanto a la infalibilidad Papal, la falta de definición entre el conciliarismo (es decir, si el Concilio estaba sobre el Papa o si había una supremacía papal sobre este), así como los mismos religiosos católicos que cuestionaban determinadas doctrinas llevaban a que aumentara considerablemente la necesidad de una reforma. Unido a todo esto, comenzó a surgir una inquietud general y el miedo de los fieles hacia el infierno, reflejado en las artes, las esculturas y los grabados. Las epidemias y guerras eran provocadas, y de esta manera concluían, no solo por las herejías sino por la situación de la iglesia. La corrupción del clero y los negocios mediante la venta de indulgencias enojaba a todos. En plena época de Lutero se decía que la desgracia había sobrevenido a la iglesia a causa de los pecados de los sacerdotes, especialmente de la Curia Romana.

Ante este cuadro, presentado de un modo conciso, surgió el movimiento de Lutero. En pleno proceso de Reforma, los medios católicos decían que media Alemania gritaba el nombre de Lutero y la otra mitad, que no lo apoyaba, clamaba contra Roma.

El Concilio de Trento

Ante esta situación, además del empeoramiento a causa de la división de la cristiandad de Occidente entre católicos y protestantes, no quedaba otra alternativa que realizar un Concilio que la Curia Romana había solicitado y demorado, y que fue cancelado y vuelto a programar cerca de cinco veces. Ciertamente, debido a esto, Lutero escribió: «Este [refiriéndose al Papa] se desespera y no sabe lo que tiene que hacer. No puede ni quiere tolerar el Concilio [ciertamente el de Trento], no quiere que nadie proceda o hable claramente de ello, solo piensa en sofocar mediante la fuerza o el clamor». Finalmente se organizó el Concilio de Trento (nombre de una ciudad del norte de Italia). Se dio inicio al mismo en diciembre de 1545 y se prolongó hasta 1563, siendo interrumpido varias veces por cuestiones políticas. Se lo dividió en tres fases: 1545—1547, 1551—1552 y 1562—1563. Este Concilio fue una especie de piedra angular para el catolicismo moderno. Basta decir que los 18 concilios reunidos anteriormente no lograron las definiciones ni legislaciones que se lograron en Trento. Poco después de su instauración, Lutero falleció. Haciendo una analogía con Moisés, que murió «sin ver la Tierra Prometida», de la misma manera el reformador no pudo presenciar ese gran conclave y, lamentablemente, no pudimos conocer su evaluación que, por cierto, hubiera sido no solo contundente sino, sobre todo, con una visión histórica que pocos podrían haber hecho de una manera tan convincente y bíblica.

Luego de instaurado el Concilio, fue notoria la preocupación por «limpiar la casa» y hacer frente al protestantismo que se expandía. De nada sirvió la presencia de los protestantes, incluso de Melanchthon, en sus primeras sesiones. Las cartas estaban echadas antes de la presencia de los nuevos protestantes, porque además había una connotación política muy latente en cuanto a la realización o no del Concilio. Por parte de la iglesia, entre sus temores estaba la cuestión del conciliarismo; en relación con el Sacro Imperio, el deseo político de una Alemania bajo una sola religión y también la disminución del poder papal; y por parte de Francia, el deseo de que no se realizara el concilio debido a la preocupación por el fortalecimiento de los Habsburgo de Alemania. El intento de la iglesia por realizar un Concilio en Mantua fue frustrado por el Emperador. A su vez, la elección de Trento atendía a los intereses de los alemanes porque, aunque esa ciudad estaba situada en Italia, se encontraba bajo la jurisdicción del Imperio.

Ya en 1546, aproximadamente cuatro meses después de la creación del Concilio, se aprobaron varias decisiones, oficializando en la práctica la separación definitiva entre católicos y protestantes. A continuación presentamos algunas de las determinaciones con sus cánones.

1. *Sobre las Escrituras*. No solamente fueron reconocidos los libros canónicos sino también la tradición. De esta manera se aceptó que la revelación de Dios está incluida tanto en las Escrituras como en la tradición como fuente y base de la fe.

   [...] viendo claramente que esta verdad y esta disciplina se hallan contenidas en los libros escritos y en las tradiciones no escritas, recibidas por los apóstoles, por inspiración del Espíritu Santo, llegaron hasta nosotros, transmitidas como si fuera de mano en mano...

2. *Sobre los apócrifos*. El Concilio juzgó que los libros canónicos eran deficientes y publicó una lista completa de las obras aceptadas como autorizadas. Por consiguiente, los libros deuterocanónicos o apócrifos fueron equiparados a la tradición y, a su vez, a las Sagradas Escrituras:

   Si alguien no recibe estos libros en su totalidad con todas sus partes, como era costumbre leerlos en la iglesia, y como se encontraban en la edición antigua de la Vulgata Latina, y no los tiene por sacros o canónicos, sea anatema.

3. *Sobre la Vulgata*
   [...] la Vulgata, una edición antigua en latín que había sido usada durante muchos siglos, fue aprobada por la iglesia y debe defenderse como auténtica en las conferencias, los debates, durante los sermones y en las exposiciones públicas. Que nadie ose o se atreva, bajo ninguna circunstancia, rechazarla.

4. *Sobre la autoridad de la iglesia*. Fue ratificado lo que en la práctica era costumbre, es decir, solo la iglesia o el Papa podían interpretar las Sagradas Escrituras. Incluso en el mismo Canon no se debían tolerar las opiniones y las libertades como la conciencia y el culto.
   [...] ninguno se atreva a interpretar, confiando en su propia prudencia, las cuestiones de fe y de las costumbres pertenecientes a la edificación de la doctrina cristiana, las Sagradas Escrituras, conforme a su propia manera de creer, contra la guía que siguió y sigue la Santa Madre Iglesia a la que pertenece juzgar el verdadero sentido y la interpretación de las Escrituras, o contra el consentimiento unánime de los santos Padres.
   Si alguno dijere que la intolerancia, por la cual la iglesia católica prohíbe y condena a todas las sectas separadas de su comunión, no es un derecho divino o que la verdad religiosa solo puede tener opiniones y no certidumbre y, por consiguiente, todas las sectas religiosas deben ser toleradas por la iglesia, sea anatema.

5. *Sobre las publicaciones*. Ningún católico puede publicar, escribir, leer, propagar o poseer libros anónimos:
   Es ilegal que cualquier persona imprima o publique cualquier libro que trate sobre cuestiones de doctrina sagrada sin el nombre del autor, o que en el futuro lo venda o in-

cluso lo posea, a no ser que primero haya sido examinado y aprobado... La aprobación de tales libros se dará por escrito y debe aparecer en la página inicial.

6. *Sobre la justificación*. La justificación por la fe fue uno de los temas fundamentales del pensamiento de la Reforma, en especial de Martín Lutero. Ciertamente, el Concilio rechazó la tesis luterana: «Si alguien dice que Dios siempre perdona todo el castigo y la culpa justamente, y que la absolución de los penitentes no es sino por la fe, por la cual creen que Cristo pagó por ellos, ¡sea anatema!
Si alguien dice que el impío es justificado solo por fe, de manera que entienda que no se exige nada más para que alcance la gracia justificadora y que no es necesario prepararse (el impío) y disponerse mediante alguna acción propia, ¡sea anatema!

Algunos de estos decretos revelan la situación de la iglesia antes y después del Concilio de Trento. En otras palabras, cómo la iglesia se encontraba y cómo pasó de la indefinición a la definición. Surgió una iglesia que dice cómo debe ser. La iglesia, a partir de este Concilio, comenzó a «mostrar su cara». Es el momento en el que inicia su identidad propia y futura. La radicalización era necesaria en este momento crítico. Ese Concilio, de hecho, estableció las bases de su trayectoria en busca de su identidad, que finalizó en el Concilio Vaticano I en 1870.

Concilio Vaticano I y Concilio de Trento

Aunque separados por varios siglos, el Concilio Vaticano I y el de Trento se complementaron. El tiempo pasó, y con él las condiciones y contradicciones. Por lo tanto nuevos ajustes eran necesarios. En el siglo XIX el liberalismo, el nacionalismo, la masonería y el marxismo estaban presentes de forma real. El capitalismo, como medio de producción, se instaló en Europa. La iglesia del siglo XIX era considerada conservadora y aliada del antiguo régimen en decadencia. En el Brasil se produjo lo que se decidió llamar la Cuestión Religiosa del Imperio, cuando dos obispos (Olinda y Pará) fueron arrestados por no haber cumplido con la determinación de Don Pedro II sobre la masonería en sus diócesis. Este asunto, aunque con ropaje religioso, en verdad era más una cuestión política, incluso anticipando la separación entre el estado y la iglesia, que ocurriría a fines del siglo.

De esta manera el Concilio Vaticano I debió tomar en cuenta las transformaciones capitalistas del siglo XIX, las cuales la iglesia debió afrontar, quedando afectada en su espina dorsal, es decir, en la superioridad de lo espiritual sobre lo temporal. Nuevos vientos soplaron de lleno contra la iglesia católica. El estado laico era una realidad. La iglesia precisaba adoptar una postura y, por tanto, era necesario realizar un nuevo Concilio. En éste el objetivo era la continuidad y consolidación de la herencia espiritual, porque había perdido la pujanza política de entonces. Era necesario rescatar el poder espiritual, sacudido por la Reforma, porque el poder temporal había perdido su apoyo. La identidad de la iglesia debía ser rescatada. A partir de Trento, además de constituirse como «apostólica», fue creciendo también el poder que la iglesia confirió en manos del Papa, sometiendo bajo este los propios Concilios y las deliberaciones. Fue un proceso extenso, en el que el Concilio Vaticano I concluiría con éxito, alcanzando este objetivo.

En este Concilio el radicalismo y la centralización se profundizaron. Así, el 18 de julio de 1870, con 533 votos a favor y 2 en contra, se aprobó la infalibilidad del Papa.

> Cuando habla [el Papa] ex catedra, es decir, cuando en el desempeño de su función de pastor y maestro de todos los

> cristianos define, en virtud de toda su suprema autoridad apostólica, que una doctrina en materia de fe o de costumbre debe ser admitida por toda la iglesia, mediante la ayuda divina prometida a él en la persona de San Pedro, goza de aquella infalibilidad de la cual el divino Redentor quiere que su iglesia fuera provista... Si alguno, Dios no quiera, tuviera la osadía de contradecir nuestra definición, sea anatema (Capítulo IV, sesión IV, 18 de julio de 1870).

A partir de allí nuevos dogmas se presentaron y aprobaron, y la brecha entre católicos y protestantes se profundizó. Se llamó a los protestantes y se les proporcionó la oportunidad de regresar al «único redil: el de Cristo».

De esta manera, en poco más de 300 años que pasaron entre Lutero y el Concilio Vaticano I, la reformulación e identidad católica quedaron consolidadas. La Iglesia Católica Apostólica Romana, oriunda de Trento era una realidad. Según mencionamos más arriba, Lutero, al menos indirectamente, contribuyó a esa reformulación y formación de la identidad del catolicismo a lo largo de estos tres siglos. Este tiempo «sirvió para unir a la iglesia papal por primera vez, mediante una confesión de fe, consolidando el poder absoluto del Sumo Pontífice en una iglesia que era solo una institución jerárquica para "ministrar los sacramentos"». De este modo podía fijar de manera irrevocable e indisputable sus doctrinas. Y, por más paradójico que parezca, fue Lutero quien dio el «puntapié inicial» que tendría continuidad en los dos Concilios siguientes. Un ejemplo fue el del Concilio Vaticano II, que promovería una «verdadera revolución» interna sin ser revolucionario. Al menos, allí quedó confirmada la necesidad de que se produjeran cambios y apertura hacia el mundo. Se debatieron los temas en los que no se podía avanzar mucho, como el ecumenismo, la relación con los católicos del Oriente, la cuestión de la iglesia y el estudio de las Escrituras desde la perspectiva de la revelación divina, entre otros. En este Concilio se priorizó el uso de la lengua vernácula en las misas, de hecho era algo que Lutero ya había anticipado.

Concilio Vaticano II

El Concilio Vaticano II hizo surgir al menos una iglesia católica «diferente». ¿Cuándo se hubieran pensado o discutido en el tiempo de Lutero expresiones tales como: «hermanos en la fe» o «hermanos separados» con respecto a los ortodoxos y protestantes? ¿Cuándo se hubiera pensado que la iglesia pediría perdón «por la culpa de ambas partes»? Leamos con atención las palabras del Papa Pablo VI:

> Si decimos que no tenemos pecado [citando al apóstol Juan] mentimos y su palabra no está en nosotros (1 Jn 1:10). Por eso pedimos humildemente perdón a Dios y a los hermanos separados, como también perdonamos a los que nos han ofendido.

Es evidente que no debemos creer de manera ingenua en una unidad en la fe entre estos «hermanos separados». Sin embargo, podemos constatar un verdadero divisor de aguas que solamente el tiempo, como verdadero profeta, revelará, pudiéndose entonces medir el alcance de los cambios producidos luego del Concilio Vaticano II.

A partir del último Concilio, una nueva imagen comenzó a ser trazada en el medio católico. Irónicamente, un nuevo retrato emergió de aquel otro Concilio que hace 500 años atrás no se había logrado. En algunos sectores católicos a Lutero se lo consideraba incluso «el ecuménico». Otros comenzaron a descubrir a un «Lutero católico». Sin embargo cuando nos referimos a él no estamos hablando de la unidad de un católico con otro católico. Sabemos que las opiniones son diversas, sin embargo, solo detectar ciertos aspectos positivos del reformador ya es un gran avance. Estamos muy lejos de aquella postura en la que se lo llamaba el «hijo del diablo» como fruto de un incesto con su madre, las alusiones indecentes e inmorales, las leyendas de fantasía respecto de su muerte, la acusación de que se había casado de prisa y «a escondidas» a causa del embarazo de su esposa Catalina y otras. Hoy existen obras escritas en forma conjunta entre católicos y protestantes cuyo tema no es otro sino Lutero. Sin embargo, esa nueva imagen fue surgiendo paulatinamente. Se trata de un proceso con tendencia a consolidarse. El escritor luterano Harding Meyer presenta cinco subdivisiones en su exposición que hablan acerca de esa nueva imagen de Lutero:

1. La fase de pura calumnia.
2. Los intentos pasajeros de una comprensión más justa.
3. La recaída en la fase de la calumnia.
4. El interrogatorio historicista y psicologizante.
5. La apertura definitiva hacia una actitud de respeto crítico ante el reformador.

Estas subdivisiones comenzaron en el siglo XVI y culminaron en el Concilio Vaticano II a comienzos de la década del `60. Una prueba contundente de que se estaban produciendo avances fue lo ocurrido el 31 de octubre del 2016. En ocasión de las conmemoraciones de los 500 años de la Reforma, los luteranos y católicos de todo el mundo presenciaron un hecho que se produjo en la Catedral de Lund, en Suecia, donde se celebró un culto ecuménico que tenía un gran desafío: pedir perdón por los errores del pasado. Estuvieron presentes representantes de diversas iglesias del mundo. Debido a la importancia histórica del hecho reproduciremos el texto publicado por la iglesia luterana.

> En el altar se encontraban, uno al lado del otro, el Papa Francisco; el presidente de la Federación Luterana Mundial (FLM), Dr. Munib Younan; el secretario general de la FLM, Rev. Martin Juenge; el presidente del Consejo del Pontificado para la Promoción de la Unidad de los Cristianos, cardenal Kurt Koch; y la Primado de la Iglesia Luterana de Suecia, arzobispa Antje Jackelen.

En su homilía, Junge alentó a que las piedras que tengamos en nuestras manos en el futuro no sean para arremeter los unos contra los otros ni para construir murallas que nos separen, sino para construir casas donde compartir y mesas en las cuales nos reunamos para celebrar en unidad la Eucaristía. Estamos aquí reunidos para descubrir nuevamente quiénes somos en Cristo.

> El Papa, al hacer uso de la palabra, pidió por el don de la unidad, insistiendo en la necesidad de que haya un testimonio común creíble para que el mundo crea. Francisco expresó su gratitud hacia la Reforma por haber puesto la Biblia en el centro de la vida de la Iglesia, y alabó la espiritualidad de Lutero al poner su fe en un Dios misericordioso que nos justifica por gracia.

A partir de la conmemoración conjunta de la Reforma de 1517 surgió una nueva oportunidad para desarrollar un camino común que fue configurándose a lo largo de los últimos cincuenta años a través de un diálogo ecuménico entre la Federación Luterana Mundial y la Iglesia Católica. Pidamos al Señor que su Palabra nos mantenga unidos, porque ella es la fuente de alimento y vida; sin cuya inspiración nada podemos hacer.

¡Solo el tiempo mostrará lo que está correcto y lo errado! Esperamos en Dios que esta reconciliación venga sin comprometer las cinco *solas* de los reformadores: *Sola Scriptura*, *Sola Gracia*, *Sola Fide*, *Solus Christus* y *Soli Deo Gloria*.

Estamos llegando al final del legado de Lutero. Al final de lo que fue propuesto, pero no de las riquezas que ese gran reformador nos dejó como herencia, porque la investigación debe continuar y nuevas contribuciones de Lutero han de surgir... Basta con comenzar.

Situación del hombre ante Dios

Ciertamente el legado de Lutero que analizaremos finalmente es uno de los más significativos para el fiel en particular. Abarca a la persona completa: cuerpo, alma y espíritu, según los tricotómicos. Considera a toda la persona como ser de forma incondicional.

Lutero descubrió que el ser humano es nulo ante Dios. Es Dios quien se acerca al ser humano. El ser humano no puede hacer nada para agradarlo. Sólo Cristo lo puede hacer (además «sólo» es una de las palabras predilectas del reformador). Al traducir Isaías 46:5, Lutero afirmaba que nuestra justicia era como algo usado. Suena fuerte esa traducción, pero es exactamente lo que él descubrió acerca de lo que podemos hacer para agradar a Dios a fin de lograr nuestra justificación. Para Lutero todo lo bueno que podemos hacer para Dios se resume en Cristo. Todavía no ha nacido la persona que por sí sola pueda seguir a Dios con un corazón libre y alegre. El texto de Mateo 5:48 afirma: «Sed, pues, vosotros perfectos, como vuestro Padre que está en los cielos es perfecto». Lutero pregunta: «¿Quién es perfecto como Dios?» El apóstol Pablo responde a esa pregunta en Romanos 3:23: «por cuanto todos pecaron y están destituidos de la gloria de Dios». Ante esa situación, como ser perfecto y pecador al mismo tiempo, se abre una brecha entre el Dios santo y el hombre pecador. Y queda solamente una salida: Dios se inclina hacia al pecador. Y lo hace a través de Cristo. «No hay ningún mérito o dignidad de su parte», dice Lutero. El hombre es impotente. Ninguna persona puede salvarse a sí misma. Ninguna puede meritoriamente alcanzar la bienaventuranza. No creo que sea exageración poner algunas palabras en la boca de Lutero como si él mismo estuviera escribiendo o hablando. Si le preguntamos: «Lutero, ¿qué puedo hacer para agradar a Dios?», la respuesta sería: «Nada, ¡absolutamente nada!» Nuestras obras no tienen ningún valor ante Dios para obtener la salvación. En otras palabras, Lutero diría: «No importa que demos limosnas, contribuyamos para las iglesias o instituciones de caridad. No importa que oremos, ayunemos, visitemos a los huérfanos, a los enfermos o los ayudemos en todas sus necesidades». De nada sirve que usted y yo vendamos todo lo que tenemos y lo repartamos a los pobres. Esto y cualquier otra cosa que hagamos de nada vale. «Entonces, doctor, hago una observación, si nada de lo que hago vale para Dios, voy a vivir mi vida sin ayudar a los demás». Lutero entonces daría esta explicación: «Muy bien, sigo sosteniendo todo lo que dije. Sin embargo, si usted y yo hacemos todo aquello que decimos que no vale nada, si lo hacemos, repito, si lo hacemos "en Cristo" todo cambia. Dios mira nuestra justicia a través de Cristo. Lo que hago en Cristo Dios lo acepta como olor fragante ante su presencia. Lo que vale son los méritos y las obras de Jesús en nosotros. Es la «fe activa en el amor». Las obras, diría Lutero, no revelan una vida en Dios, pero una vida con Dios sí muestra las buenas obras, en otras palabras, la fe en Cristo. En esa fe las obras «se vuelven iguales». No importa la medida de las obras, si son grandes, pequeñas, breves, largas, muchas o pocas. Lo que importa no son las obras en sí sino la fe que las produjo. Esa perspectiva es la que desarrollará la situación del hombre ante Dios. Él no es nada, o un simple pecador alejado de Dios. Y es Dios quien se acerca al hombre.

Analizaremos a Lutero con respecto a este legado usando sus propias palabras. Y procederemos de esta manera no para ser más originales sino para sacar también otras conclusiones de su propio texto, el cual es muy rico.

La obra *Magníficat*, escrita en 1521, es una de las más hermosas páginas de Martín Lutero. Su intimidad con Dios, su coherencia bíblica, y sobre todo su amor por la verdad marcan indeleblemente esta obra, que transciende el tiempo sin perder su originalidad y actualidad. Es un ejemplo de la espiritualidad cristiana. En ella, a través de la vida de María, la sierva del Señor, nos muestra su carácter, y su aplicación a la vida de cada cristiano.

Algunos aspectos de esta obra son relevantes para mostrar la condición del hombre ante Dios. Un aspecto que Lutero comienza a examinar es la dirección de la mirada de Dios. Él, siendo el soberano Señor, no mira para arriba ni para los costados, sino hacia abajo.

> [...]Él es lo más elevado, y nada existe por encima de Dios. Por eso no puede mirar más allá de sí; tampoco a los costados, porque ninguno es semejante a Él. Por eso debe dirigir su mirada necesariamente hacia sí mismo y hacia abajo; y cuanto más bajo uno está, mucho más Él lo ve.

De modo que esa mirada de Dios atenderá y socorrerá a «los pobres, despreciados, miserables, desgraciados, abandonados, y a los que no son absolutamente nada». Es en esa perspectiva que Dios mira hacia abajo y contempla a su sierva María. Ella se consideraba «interiormente» sin ningún valor. Sin embargo, «exteriormente», es decir, ante los ojos de Dios, una sierva fiel. La fuerza del argumento de Lutero para mostrar cómo se consideraba María ante Dios la da una traducción que él hizo: «no contempló la humildad de su sierva». Lutero tradujo la palabra *humilitas* [Lat.] no como humildad sino como «nulidad» o «ser insignificante». Es como si María hubiera dicho que Dios no puso su mirada en una hija de Anás o Caifás, que eran los hombres más importantes de aquel país, sino que puso su mirada en mí por «pura bondad». De manera que para Lutero no hay ningún mérito en nosotros para que Dios obre en nuestras vidas. Es por pura misericordia.

Otro argumento de Lutero sobre la situación espiritual del hombre y de la mujer ante Dios es el comentario que hace en el tratado *Sobre la libertad del cristiano*, cuando el hombre se une a Cristo, así como ocurre, por analogía, en el matrimonio. En el matrimonio, el marido y la esposa «se vuelven una sola carne». Así es mi relación con Cristo, porque por un lado soy pecador, y estoy muerto y condenado. Sin embargo, por otro lado, Cristo es gracia, vida y salvación. Sólo los opuestos se atraen. Cuando me uno a Cristo lo que es mío pasa a ser de Dios, y lo que es de Cristo pasa a ser mío. Dejemos que el propio Lutero nos hable con su peculiar elocuencia:

> El alma copula con Cristo como la novia con el esposo, sacramento por el cual (según enseña el apóstol) Cristo y el alma son hechos una sola carne. Al ser ellos una carne se consuma entre ellos el matrimonio verdadero, sí, el más perfecto de todos, mientras que los matrimonios humanos son apenas figuras de este matrimonio único. Por tanto, todo se vuelve común, tanto las cosas buenas como las malas. De modo que el alma fiel puede apropiarse y gloriarse de todo lo que Cristo posee como si fuera suyo; y Cristo se apropia de todo lo que tiene nuestra alma, como si fuera suyo. Al confirmar esto, veremos cosas valiosas. Cristo está lleno de gracia, vida y salvación; el alma está llena de pecado, muerte y condenación. Al intervenir la fe, los pecados, la muerte y el infierno se tornan de Cristo; y la gracia, la vida y la salvación,

> de nuestra alma. Por ser Cristo el novio, tiene que aceptar, paralelamente, lo que la novia le da y compartir con la novia lo que es de él. Porque quien entrega su cuerpo y se da a sí mismo, ¿cómo no daría todo lo que le pertenece? Y quien acepta el cuerpo de la novia, ¿cómo no aceptaría todo lo que pertenece a la novia?

Así, mediante esta analogía, Lutero revela que somos pecadores, estamos muertos y condenados al infierno pero, a través de nuestro casamiento con Cristo, comenzamos a ser uno con Él.

Otro gran beneficio que Lutero dilucidó fue que, a menudo, vivir la fe cristiana es vivir una paradoja. Es vivir en contradicción con la lógica.

> La fe intuye las cosas invisibles. Para dar oportunidad a la fe es necesario que todo lo que se ha de creer sea invisible. Y lo invisible es mucho más profundo cuando el objeto de la fe queda en franca oposición con el sentido de la vista, con los demás sentidos, con el conocimiento y con la experiencia.

Debemos comprender lo que Lutero nos quiere mostrar al afirmar que la fe obra o se orienta hacia las «cosas invisibles». Todo lo que se ve no es fe. Ya que cuando se recibe dejó de existir la fe. La fe se muestra cuando no recibimos lo que deseamos. Solamente en lo oculto o invisible la fe se revela.

Otro punto que Lutero resalta es la contradicción (oposición) a la que la fe lleva a todo aquel que cree. La fe se revela día a día, con todas sus vicisitudes, derrotas o victorias. Para Lutero, las adversidades revelarán quiénes somos y qué tipo de fe poseemos. Por la fe, todo podría verse contrario al plan de Dios en la vida del fiel. Sobrevivirá a hechos en su vida que nunca podrán explicarse, incluso después de haber orado. Mucho de lo que ocurre en su vida no tendrá sentido para usted, pero sepa que todo lo que sucede en su vida es por la voluntad de Dios. Para Lutero, pasar por pruebas, decepciones, injusticias, problemas sin solución a corto o largo plazo, preguntas sin respuestas y respuestas sin haber formulado preguntas, con certeza, son cosas que ocurrirán en la vida de los que tienen una fe genuina. Es el *no* de Dios que se vuelve un *sí*, y un *sí* de Dios que es un *no* para nosotros. Quienes comprenden esto y consiguen convivir con lo «invisible», o las supuestas contradicciones de la fe, tienen la fe pura y genuina de la que hablan las Sagradas Escrituras.

Lea de manera pausada y medite cómo Lutero explica lo oculto (*absconditus*) de la obra de Dios en nosotros mediante la fe.

> Ahora, no pueden estar más remotamente escondidas de lo que están de lo que se tiene a la vista, se percibe y experimenta. Así cuando vivifica, Dios lo hace matando; cuando justifica, lo hace acusando; cuando lleva al cielo, lo hace conduciendo al infierno, como dice la Escritura: «Jehová da la muerte y la vida; hace descender al Seol y retornar» (1 S 2:6).

Este texto tan profundo se refleja en esta oración proferida desde el fondo de su alma:

> *Tú eres un Dios maravilloso, lleno de amor.*
> *Tú nos gobiernas maravillosa y amigablemente.*
> *Tú nos levantas cuando estamos agobiados.*
> *Tú nos justificas cuando somos pecadores.*
> *Tú nos llevas al cielo cuando nos lanzamos al infierno.*
> *Tú nos das la victoria cuando permites que nos derroten.*
> *Tú nos consuelas cuando nos dejas enlutados.*
> *Tú nos haces felices cuando dejas que gritemos.*
> *Tú nos haces cantar cuando nos dejas llorar.*
> *Tú nos fortaleces cuando sufrimos.*

> *Tú nos haces sabios cuando somos estúpidos.*
> *Tú nos haces ricos cuando nos envías pobreza.*
> *Tú nos haces señores cuando nos dejas servir.*
> *Amén.*

¡Esa es la fe evangélica que se nos presenta al leer sus escritos! Una fe que convive con las paradojas de la vida.

No obstante, esa profundidad de fe revelada a los fieles se presenta en vasos de barro. Es la pura gracia y misericordia de Dios obrando en nosotros. Jamás debemos olvidar que somos pecadores, tal como decía Pablo, «...soy el primero». Dios, al mirar hacia «abajo», lo hace con el propósito de salvar. La expresión también se registra en Éxodo 3:8 en relación con el pueblo del Antiguo Pacto: «he descendido para librarlos». De manera semejante, nada positivo había en el pueblo para que Dios «descendiera» y los librara. Fue sólo su amor que lo hizo descender. Acerca de ese pueblo, Moisés había dicho: «¡Desde que los conozco han sido rebeldes al Señor!» (Dt 9:24).

Lo mismo ocurría en los días de Lutero y ocurre en nuestros días: Somos pecadores necesitados de la gracia y el favor de Dios. Lo que recibimos de Dios revela su propia empatía por nosotros. Es Él quien viene a nosotros. Es Él quien «desciende» y «reparte dones» por su misericordia. Lutero hablaba de la siguiente forma cuando atribuían el término «luterano» al nuevo movimiento que surgía: «¿Qué pretensión sería esa de un miserable y apestoso saco de gusanos, como yo si deseara que los hijos de Cristo fueran llamados por ese torpe nombre?»

De forma contundente el reformador caracteriza al ser humano ante Dios, o mejor dicho, al pecador que merece sufrir las consecuencias de sus pecados.

> Es necesario que grabes profundamente en tu corazón, y que no dudes, que quien tortura a Cristo de esta forma eres

> tú mismo, porque tus pecados son, con certeza, responsables de su sufrimiento. Así San Pedro, como trueno, obró y asustó a los judíos al decirles a todos: «a quien vosotros crucificasteis» (Hch 2:36). Por tanto, al ver los clavos que atravesaron las manos de Cristo, podemos tener la certeza de que son obra tuya; al mirar su corona de espinas cree que son tus malos pensamientos; y así sucesivamente. Entiende, por lo tanto, que por cada espina que penetró en Cristo sería justo que a ti te clavaran más de cien mil; y más aún: las espinas deberían clavarse en ti por toda la eternidad. Cuando un clavo atraviesa tortuosamente las manos y los pies de Cristo, eres tú el que debería sufrir eternamente por esos clavos, y aún más. Esto también les sucederá a los que hacen que los sufrimientos de Cristo hayan sido en vano para ellos.

Lo que el reformador recomienda es que la persona se reconozca a sí misma como pecadora y que acepte la liberación que hay en Cristo.

Lutero era muy práctico en la presentación de su teología. Incluso a través de grandes argumentos, guiaba a la persona a que encontrara sus propias respuestas a los interrogantes de la vida: ¿Cómo conocer mi situación ante Dios, puesto que soy un pecador? Puedes decir como Pablo: «¡Miserable de mí! ¿Quién me librará de este cuerpo de muerte?» (Ro 7:24). Para estas y otras preguntas que aparecen «en la noche oscura», Lutero propone lo que al menos será un camino en la búsqueda de una buena conciencia: Considerarnos siempre pecadores. Saber que todo lo bueno que tenemos, en caso de que lo tengamos, viene del Padre de las luces. Considerar que Dios es quien va obrar en nosotros tanto el querer como el hacer. Se trata de hacer una introspección y mirarnos a nosotros mismos. Quedar completamente desnudos ante los ojos de Dios y examinarnos a nosotros mismos.

Así se expresó el reformador:

> Los santos son siempre intrínsecamente pecadores, por eso, siempre son extrínsecamente justificados. Pero los hipócritas son siempre intrínsecamente justos, y por eso siempre son extrínsecamente pecadores. Yo uso el término «intrínsecamente» para indicar cómo somos en nosotros mismos, ante nuestros propios ojos y según nuestra propia estima; pero uso el término «extrínsecamente» para indicar cómo somos ante Dios y a su modo de vernos. Por consiguiente, somos justos extrínsecamente cuando no *somos justos* por nosotros mismos, según nuestras propias obras, sino solamente conforme a la consideración de Dios.

Podemos asociar estas palabras de Lutero con la práctica del apóstol Pablo cuando afirmaba en 2 Corintios 12:10: «[...] cuando soy débil, entonces soy fuerte». También en 1 Corintios 4:4 (NVI): «Aunque de nada tengo mala conciencia, no por eso soy justificado; pero el que me juzga es el Señor». Creo que una de las mejores maneras de concluir el tema propuesto es revivir y poner en práctica las enseñanzas de Lutero, basados en las páginas de las Escrituras. En particular, creo que, luego de las conmemoraciones de los 500 años de la Reforma Protestante, podemos, tal como Lutero, practicar la *ad fontes*, o sea, volver a las fuentes y beber de los originales... y Lutero es una de ellas. *Ecclesia Reformada Sempre Reformada* (la Iglesia Reformada debe ser siempre reformada). Y aquí tenemos la oportunidad de permanecer siempre reformados: volver a los reformadores, en especial a Martín Lutero. Por cierto, esa era la opinión de su discípulo y sustituto Felipe Melanchthon al afirmar que:

> Si bien la virtud de este hombre en sí es digna de alabanza, quien, con espíritu reverente, usó los dones que Dios le con-

cedió, somos nosotros quienes debemos agradecer a Dios por el hecho de habernos restituido, a través de Lutero, la luz resplandeciente del Evangelio, y no solo conservar su doctrina como un recuerdo.

Conclusión

Debemos concluir. Concluir sobre Lutero es otro gran desafío, porque cuanto más indagamos en lo profundo del pensamiento de este hombre más sorpresas descubrimos. Lutero es como un buscador de oro que, al usar su tamiz, entre las pequeñas piedras sin valor comercial encuentra la piedra preciosa. Así fue Lutero. Cuanto más lo examinamos más horizontes nuevos descubrimos.

¿A qué podríamos comparar a Lutero? Tal vez podemos relacionarlo con un gran río que desagua en el océano. Es al mismo tiempo río y océano. Y, ya sea como río o como océano, su vida es también la vida de todos los que abrazan la fe con sus crisis existenciales y conquistas. El río de su vida tuvo momentos en los que las aguas eran tranquilas y profundas, pero también otros que eran como cascadas, había por momentos piedras en el trayecto, momentos tranquilos y también otros tumultuosos. Las aguas tranquilas de su vida fueron los momentos que vivió por: la libertad que alcanzó mediante la justificación por la fe, tal como lo escribió: «las puertas del paraíso se abrirán»; por el descubrimiento de la gracia gratuita de Dios para que se produzca esa justificación sólo por fe; y también por la libertad alcanzada en Cristo al punto de firmar «Lutero, el libre». También su encuentro con Catalina, quien se volvería su eterna «querida Katy»; y los paseos de la tarde por los jardines con sus hijos, a quienes, juntamente con su esposa, les enseñaban del amor de Dios. El río que fue la vida de Lutero pasó por muchos percances. Su vida, así como la mía y la de todo ser humano, fue como el río, que sigue su curso tanto en los lugares poco profundos y pedregosos como en los terrenos difíciles, sin embargo no se niega a cruzarlos. Esos lugares forman parte del trayecto, y se oye a la distancia el murmullo de sus aguas. Así, el reformador tuvo que pasar por esos «valles de sombra y de muerte»; la pérdida de sus hijos que tanto lo abatió; la incomprensión de su propia teología por sus colegas reformadores; su excomunión; y vivir en el destierro durante muchos años aguardando su muerte en cualquier momento.

Lutero nos enseñó, entre tantas otras lecciones, a convivir con las contradicciones y las paradojas que aparecen en el ejercicio de una fe genuina, a pesar de las dudas inherentes a la propia fe cuando está lista para afrontar los riesgos, aunque sin perder jamás la confianza en el Dios Todopoderoso. Creo que uno de los grandes legados de Lutero fue cuando nos enseñó a *oír el no de Dios a través del* sí, y el sí *de Dios a través del no.*

El río puede también desaguar en el mar, que a su vez es parte del océano. Lutero desaguó como río, mezclándose con el gran océano. Podemos comprender a Lutero como un río, así como lo presentamos en esta obra. Y podemos conocer un poco más de Lutero sin salir de ese río: su tiempo, su vida y su obra. En nuestro análisis recorrimos ese río, sabiendo que desembocaría en el océano. Sin embargo, no llegamos al océano de la vida y de la teología de Lutero. Hay mucho más que profundizar en ese océano. Es un recorrido extenso. Y este libro mostró, en líneas generales, que existe el océano Lutero, en el cual uno se puede sumergir o investigarlo. Creemos que al menos llegamos «a la orilla» y, al observar el horizonte vemos el «mar abierto», y nos damos cuenta de que podemos avanzar. Que sea esta una tarea de todos.

Luego de algunas décadas, las obras de Lutero comenzaron a ser traducidas de forma más sistemática. He aquí su oportunidad y la mía. Comience a leer, a examinar y a descubrir por usted mismo este rico manantial que, según Paul Tillich, fue el «único que realizó una verdadera transformación, el único que cambió la faz de la tierra».

Continuamos en deuda con Lutero, y nuestra deuda es muy grande. Aunque sin esperanza de que se produzca una nueva Reforma, le debemos, al menos, sus grandes y profundas ideas. Que esta simple lectura pueda ser un reencuentro con el Cristo que sufre con las necesidades del ser humano, porque no lo encontramos, según Lutero, en las grandes catedrales, en los palacios suntuosos ni en los grandes desfiles. Ese Cristo se encuentra en medio del prójimo caído, herido, que espera nuestra ayuda, tal como hizo el buen samaritano que no solamente arriesgó su vida, sino que se entregó por empatía al necesitado.

Soli Deo Gloria! [¡La gloria es sólo para Dios!]

Apéndice I

El legado de los reformadores

A través de este trabajo presenté la vida y el legado de Lutero de manera concisa. En realidad, lo que se presentó fue, en su mayoría, transmitido por otros reformadores. Sin embargo, la figura central fue Lutero. Las siguientes líneas tratarán de mostrar la herencia que nos dejaron algunos de los reformadores, más allá de Lutero. Es como hacer un paréntesis para hacer un tributo de honra a ellos.

Algunos consideran a los reformadores como personas que vivieron e influenciaron su propia época, es decir, el siglo XVI. Ciertamente los principales reformadores fallecieron en el siglo mencionado, tales como Lutero en 1546, Calvino en 1564, Ulrico Zuinglio en 1531, Heinrich Bullinger en 1575, Melanchthon en 1560, Bucer en 1551, Cranmer en 1556, George Baurock en 1529, Farel en 1556, Felix Manz en 1527, Tyndale en 1536, Menno Simons en 1561, John Knox en 1573, Karlsdadt en 1541, Tomás Müntzer en 1525, Capito en 1541 y Ulrich Von Hutten en 1523. El propio Erasmo de Rotterdam que, aunque no fue un reformador, desde su propia perspectiva anhelaba una reforma, falleció en 1536. En realidad todos supieron discernir lo que estaba sucediendo en su propia época y pudieron proyectar, como verdaderos profetas, una práctica contemporánea.

Somos deudores también a verdaderos genios que, aun viviendo en el siglo mencionado, sentaron las bases para el mundo contemporáneo. Basta mencionar algunos nombres como: Miguel Ángel, Rafael, Botticelli, Ticiano, Maquiavelo y Copérnico, entre muchos otros. Todos ellos «vivieron en pleno siglo XX», y creo que vivirán por varios siglos más.

Creemos que no es exagerado decir que, durante el siglo XVI, se produjo el «nacimiento» del mundo contemporáneo y, a medida que los siglos fueron pasando, ese «niño» fue madurando hasta convertirse en un «adulto pleno». Fue durante la Edad Media, en especial a partir de los siglos X y XII, que se produjo esa «gestación» del mundo contemporáneo tan enfatizada por los reformadores. Lamentablemente, esa vida adulta de nuestro mundo hace que todos vivamos bajo la espada de Damocles, que pende de un hilo, y es capaz de soltarse en cualquier momento por ganancia, error de cálculo o aun por locura.

Por tanto, todos esos nombres mencionados que «vivieron en pleno siglo XXI», y creo que continuarán vivos por varios siglos más, tal como afirmó Camões en *Los Lusíadas*, «y a todos cuantos de la ley de la muerte se libraren» o, empleando la expresión bíblica: «Bienaventurados de aquí en adelante los muertos [...] descansarán de sus trabajos, porque sus obras con ellos siguen» (Ap. 14:13, RVR).

Este artículo procura mostrar el legado de algunos de los reformadores. Optamos por mencionar sólo a «algunos» de ellos para que no se vuelva muy extenso. Aunque destacamos a Lutero, Calvino, Melanchton y Zuinglio, todos los reformadores, con mucho o poco, de manera directa o indirecta, indistintamente, cada uno, según su estilo, dejó su legado. Presentaremos los legados sin identificar a uno u a otro reformador porque, según lo registrado, todos comunicaron en líneas generales las mismas ideas.

Conviene destacar que esta reflexión está basada, principalmente, en la obra de Alister McGrath, *El pensamiento de la Reforma*, editada por la *Cultura Cristiana*, capítulo 14, «El impacto de la Reforma en la historia», pp. 286-302. Haremos la exposición en dos fases. La primera consiste en presentar, mediante un cuadro comparativo, una confrontación entre la ideología religiosa medieval, representada por la Iglesia Católica, y la posición contraria de los reformadores, conforme se expone abajo. En la segunda fase haremos un comentario acerca de la importancia de esas diferencias. Es conveniente destacar que nos referimos a lo que podemos clasificar como cristianismo monástico que, en realidad, no es el aspecto más importante del catolicismo. Sin embargo, no podemos olvidar que esa forma de cristianismo era una especie de portavoz para la cristiandad católica. Era una minoría «representativa» que, directa o indirectamente, formó la opinión de la mayoría de los cristianos católicos.

Ideología medieval	Los reformadores
Estaban aislados de la dura realidad de lo cotidiano por los muros de los monasterios y conventos.	Escogieron el mundo peligroso de la ciudad y del mercado. Vivían y escribían en el mundo urbano.
Debían renunciar al mundo.	El mundo debía ser dominado por el mensaje del Evangelio.
Los cristianos debían apartarse del mundo y entrar en la seguridad espiritual del monasterio.	Se debía servir a Dios, no al mundo.
La verdadera vida espiritual estaba en las celdas.	La vida cristiana estaba en las ciudades, en los monasterios, en los mercados, en las cámaras de comercio del mundo secular.

Reprochaba a los cristianos que no seguían la vida independientemente de la vida monástica. El cristiano que vivía en el mundo era alguien de segunda categoría debido al riesgo de la degeneración espiritual.	El laico podía servir a Dios.
Para Thomas Kempis, la respuesta negativa al mundo era una respuesta positiva a Dios.	Consideraban el interés de los laicos por la religión.
Aislados, los monasterios no se relacionaban con los laicos ni con los avances de la tecnología, como por ejemplo la imprenta.	Utilizaban la imprenta para la propagación del evangelio.

Es imposible evaluar toda la implicancia que tuvieron esas diferencias a corto, mediano o largo plazo. Alister McGrath presenta dos consideraciones teológicas de los reformadores en el contexto del resumen de arriba.

La primera consiste en *un nuevo énfasis en las doctrinas de la creación y la redención*. Se toma una nueva postura ante el mundo. El mundo es el lugar de trabajo en el que el hombre necesita desempeñarse. El mundo en sí no es malo. «En realidad, dejar de comprometerse con el mundo es declarar que no puede ser redimido. Al respetarse la naturaleza como creación divina se adora a Dios, no a la naturaleza», afirma McGrath.

La segunda consideración del mencionado autor es que hay *una recuperación de la idea de la vocación cristiana*. Este enfoque de los reformadores significó realmente un cambio en el mundo de entonces. Ellos consideraban que somos llamados por Dios para obrar, transformar y servirlo a Él en «el mundo». El término vocación se convirtió en una «actividad o carrera secular». Calvino afirmaba que el poder civil «es una vocación, santa, legítima, sacrosanta y honorable». (Que nuestros políticos no solamente sepan esto, sino que lo apliquen a su vida.) Para Lutero, cada cristiano estaba llamado a servir a Dios en su profesión, y esa profesión se ejerce en el mundo a través del trabajo. En la Edad Media, los monjes y las monjas eran los que tenían una «“profesión», en el sentido de vocación de parte de Dios. Para Lutero, la profesión era una tarea que Dios nos confiaba. Por tanto, no se debía hacer ninguna diferencia entre «lavar los pañales sucios de los hijos y realizar la obra redentora de Cristo». Los reformadores no veían diferencias vitales y genuinas entre lo sagrado y lo profano, entre lo temporal y lo espiritual. Lutero afirmó, según Alister McGrath, «lo que parecen obras seculares, en realidad, son alabanzas a Dios y representan una obediencia que le agrada mucho». Por lo tanto había una valorización del trabajo.

Avancemos ahora hacia la segunda fase de ese argumento que muestra el legado de los principales reformadores, según mencionamos anteriormente. Esta segunda fase consiste en hablar acerca de los desacuerdos implícitos, e incluso explícitos, en el cuadro presentado arriba.

Un verdadero giro de 360 grados que los reformadores emprendieron fue la nueva visión del trabajo. Por supuesto, esa visión no fue únicamente de los reformadores. Los escritores de los siglos XVI y siguientes también destacaron la importancia del trabajo desde otra perspectiva. Sin embargo, lo que nos interesa en este artículo es la postura de los reformadores.

El gran empuje de los reformadores es que no diferenciaban el mundo en dos instancias, tales como una «espiritual» y otra «material». Ellos valoraban el trabajo como una «vocación» divina. Es oportuno destacar que en la Edad Media el trabajo, en líneas generales, estaba condicionado por la ideología de la iglesia, y era considerado de «segunda categoría». En el período mencionado, el término vocación se entendía como un llamado a la vida monástica, que incluía dejar atrás la vida del mundo. El trabajo era una especie de «maldición» heredada del huerto del Edén que Dios le había impuesto a Adán. Los reformadores, tales como Calvino, Lutero y Tyndale, no hacían una diferenciación entre «lavar platos y predicar la palabra de Dios». Para ellos no había una diferencia esencial, «mientras fuera algo que agradara a Dios».

Debemos considerar el impacto económico e ideológico que el pensamiento de los reformadores trajo al mundo de esa época y de los siglos posteriores, culminando con la tesis de Max Weber en su Ética protestante *y el Espíritu del capitalismo,* en donde relaciona el desarrollo de las principales naciones capitalistas europeas y las protestantes. Weber afirmaba que el calvinismo generó las precondiciones psicológicas esenciales para el desarrollo del capitalismo moderno. Por ejemplo, en el Brasil, durante el gobierno de Pedro II, en pleno siglo XIX, había una relación clara entre el catolicismo y el atraso económico de una nación, y, por otro lado, el protestantismo y el progreso capitalista.

Otro aspecto esencial impulsado por algunos reformadores fue la cuestión de los intereses, punto principal para el surgimiento del capitalismo moderno. En la Edad Media era tan fuerte el rechazo hacia el tema de los intereses que se les negaba a los usureros un entierro cristiano. Claro que no fue tan fácil la aceptación de la usura o de la cobranza de los intereses, pero sabemos que cerca de 100 años después de Calvino la usura fue aprobada.

Ahora quisiera abrir un paréntesis en este análisis. Cuando trabajaba en un colegio católico me gustaba pedir dinero prestado en particular a las monjas de la Hermandad Santa Clara porque ellas no cobraban interés. Esto fue en plena década de los años 80. El último enfoque basado en el cuadro mencionado anteriormente tiene relación con los cambios políticos. Hay unanimidad en decir que los reformadores cambiaron el semblante político de Europa, en la medida en que la *mutabilidad* ganaba forma y fuerza en detrimento de lo *irrefutable*. Para la Edad Media, el orden europeo estaba basado en la conservación de un orden ya establecido por siglos, fundado en un «orden imaginado como natural y eterno». Sin embargo, el orden moderno estaba fundado en los cambios. Mientras que la cosmovisión medieval era estática, ordenada y establecida, los reformadores, principalmente los calvinistas, presentaban una ideología de transición «donde se creía que la posición de las personas en el mundo estaba basada, al menos en parte, en sus esfuerzos».

En esa época de transición, las ciudades ganaron importancia no solo ideológica sino también política. Se comenzó a considerar a las ciudades como sinónimo de libertad, de conquistas y de realizaciones. Se debe resaltar que estas fueron la plataforma de las Reformas, como la de Wittenberg y la de Ginebra.

Fue en ese contexto que las clases sociales, como la burguesía y los campesinos, se sintieron atraídos por los nuevos templos. La libertad de conciencia, como la presumen los reformadores, ganó espacio entre las masas sufridas o las que procuraban nuevos espacios sociales. La ruptura que esa libertad traería sería el deber de resistir a los tiranos. El concepto de derecho divino de gobernar estaba en alerta.

Creemos que no es exagerado afirmar que la Revolución Francesa fue el reflejo del avance de la ideología que los reformadores establecieron, así como también de la ideología burguesa implantada por el Iluminismo del siglo XVIII [o Siglo de las luces], que culminó con la Declaración Universal de los Derechos Humanos en 1948.

Apéndice II

Cronología de la vida de Lutero

1483	Nace Lutero en Eisleben. Sus padres son Hans y Margareth. Es bautizado con el nombre del santo del día.
1484	Se muda a Mansfeld, donde realiza sus primeros estudios.
1488/1497	Asiste a la escuela municipal de Mansfeld.
1497	Se matricula en Magdeburgo, viviendo con los Hermanos de la vida común.
1498	Es transferido para estudiar en Eisenach.
1501	Inicia sus estudios en la Universidad de Erfurt. Canta con un coro frente a las casas, ayudando de esta manera a pagar sus gastos. La señora Úrsula Cotta lo ayuda.
1502	Se recibe de Bachiller en Artes.
1505	Obtiene el título de Maestría en Artes. Recibe la influencia de Ockham. Comienza la Facultad de Derecho (en la que solo dura dos meses). Después de verse envuelto en una tormenta, que sólo él puede relatar, entra en el convento de San Agustín.
1507	Es ordenado sacerdote. Celebra su primera misa. Inicia sus estudios de teología.

1508 Se recibe de profesor de filosofía en la Universidad de Wittenberg.
1509 Regresa a Erfurt para estudiar. Se recibe de Bachiller en Biblia.
1510 Viaja a Roma.
1511 Staupitz lo llama para que vuelva a Wittenberg.
1512 Se recibe de Doctor en Teología. Se desempeña como profesor en la universidad de Wittenberg hasta su muerte.
1513/1518 Reconoce la verdad del Evangelio o una nueva teología.
1515 Es elegido como vicario del distrito de Gota de la Orden de los Agustinos, quedando a cargo de entre 10 y 12 conventos.
1517 Publica las *95 tesis*, las cuales envía al arzobispo Alberto de Maguncia y a Jerónimo de Brandemburgo.
1518 Debate en Heidelberg. Es convocado a Roma. Apela a un Concilio. Es interrogado en Augsburgo por el cardenal Cayetano. Se va de Augsburgo. Es atacado por Pierias. Apela al príncipe elector Federico, el Sabio.
1520 Es amenazado de excomunión (Bula *Exsurge Domine*). Quema la Bula de la excomunión. Escribe tres grandes obras: 1) Sobre la libertad del cristiano, 2) A la nobleza cristiana de la nación alemana, y 3) Preludio a la cautividad de Babilonia.
1521 El Papa lo excomulga. Es expulsado de Wittenberg (vive poco más de un año, como Caballero Jorge). Es convocado a la Dieta de Worms (16, 17/04), en la que no se retracta.
1522 Traduce el Nuevo Testamento. Se va de Wartburg.

1524 Deja los hábitos (vestimenta o sotana específica del monje).
1525 Se casa con Catalina de Bora. Entra en polémica con Erasmo.
1526 Nace su hijo Hans. Se realiza la Dieta de Espira, donde suspende la apelación de Worms.
1527 Nace su hija Elizabeth. Polemiza con Zuinglio.
1529 Nace su hija Magdalena. Se realiza la Protesta de Espira. Surge el término protestante.
1530 Se realiza la confesión de Augsburgo. Muere Hans Luder.
1531 Nace su hijo Martín.
Nace su hijo Paul.
1534 Nace su hija Margarita. Realiza la traducción del Antiguo Testamento al alemán.
1546 Viaja a Eisleben para mediar en el conflicto entre dos condes. Fallece el 18 de febrero (a los 62 años, tres meses y ocho días) y es sepultado el día 22 en la capilla del castillo de Wittenberg.

Sus últimas palabras son: «Oh, mi amado Padre celestial, Dios y Padre de nuestro Señor Jesucristo [...], te agradezco por haberme revelado a tu amado Hijo Jesucristo, en quien creo, de quien prediqué y confesé, a quien amé y adoré, a quien el repugnante Papa y todos los impíos ridiculizaron [...]. Te ruego, mi señor Jesucristo, que pongas mi alma bajo tus órdenes. Padre celestial, si ahora tengo que abandonar este cuerpo [...] sé con certeza que puedo permanecer por la eternidad contigo y que nadie me arrancará de tus manos.»

Apéndice III

Lutero y los principales reformadores contemporáneos vinculados a las reformas

1483..............................1546

Reformadores y nombres de quienes apoyaban a Lutero	**Opositores a Lutero**
Catalina	Cayetano
Melanchthon	Prierias
Karlstadt	Juan Tetzel
Staupitz	Eck
Espalatino	Erasmo de Rotterdam
Justo Jonas	Federico III
Lucas Cranach	Maximiliano I
Ecolampadio	Carlos V
Ulrich Von Hutten	Alejandro VI
Zuinglio	Julio III
Federico, el Sabio	León X

Juan, el Constante	Adriano VI
Juan, el Magnifico	Clemente VI
Calvino	Paulo III
Guillermo Farel	
Teodoro Beza	
Menno Simons	

1. **Catalina de Bora** (1499-1552). Esposa de Lutero.
2. **Melanchthon** (1497-1560). Profesor de la Universidad de Wittenberg. Reformador, humanista, amigo de Lutero y su sucesor. Sepultado al lado de Lutero.
3. **Karlstadt** (1480-1541). Profesor y colega de Lutero en la Universidad de Wittenberg. Disintió con Lutero en el proceso de la Reforma, optando por un lado más radical.
4. **Staupitz** (1469 (¿?)-1524). «Padre» espiritual de Lutero, sobre quien tuvo mucha influencia. Vicario General de la Orden de los Agustinos alemana de la cual Lutero fue miembro.
5. **Espalatino** (1484-1545). Secretario, consejero y predicador de Federico, el Sabio. Por su función, aseguro la protección de Lutero. Traductor de las obras de Lutero y de Melanchthon.
6. **Justo Jonas** (1493-1555). Jurista, teólogo humanista y gran amigo de Lutero. Traductor de muchas de las obras de Lutero. Estuvo junto a su lecho de muerte.
7. **Lucas Cranach** (1470-1554). Famoso pintor de la Reforma y amigo de Lutero.
8. **Ecolampadio** (1483-1531). Reformador de Basilea, Suiza. Disintió con Lutero posteriormente.
9. **Ulrich Von Hutten** (1480-1523). Apoyó a Lutero en su lucha contra Roma.

10. **Cayetano** (1468-1534). Dominico y profesor de Teología en Italia. Fue procurador general, maestro general, obispo de Gaeta, cardenal, legado papal en Alemania, Hungría, Bohemia y Polonia. Uno de los primeros en estar con Lutero para hacerlo retractarse.
11. **Silvestre Prierias** (1456-1523) (Silvestre Mazzoline). Dominico, inquisidor, maestro del sacro palacio, consejero y teólogo del Papa León X. Integrante oficial del proceso eclesiástico contra Lutero.
12. **Juan Tetzel** (1465-1519). Predicador dominico, subcomisario, vendedor de indulgencias en Alemania e inquisidor. Fue contra esa práctica de la venta de indulgencias que Lutero publicó las 95 Tesis.
13. **Eck** (1468-1543). Profesor universitario y férreo adversario. Debatió contra Lutero varias veces, obteniendo la Bula *Excurge Domini* contra el Reformador.
14. **Zuinglio** (1485-1530). Reformador de la iglesia de Suiza. En su Reforma, eliminó los cuadros, las estatuas y la música en las iglesias.
15. **Erasmo de Rotterdam** (1460-1535). Considerado el príncipe de los humanistas. Natural de Holanda. Editó en 1516 el Nuevo Testamento griego impreso, el cual Lutero utilizó en su traducción. Simpatizó al principio con Lutero, disintiendo con él sobre el tema del libre albedrío. Fue uno de los hombres más cultos de su época.
16. **Federico III, Maximiliano I y Carlos V**. Emperadores del Sacro Imperio Romano-Germánico entre 1452 y 1556.
17. **Federico, el Sabio; Juan, el Constante; y Juan, el Magnífico**. Príncipes electores de Sajonia entre 1486 y 1546.
18. **Alejandro VI, Julio III, León X, Adriano VI, Clemente VI y Paulo III.** Papas del periodo de las Reformas entre 1492 y 1549.
19. **Calvino** (1509-1554). Reformador de Ginebra, Suiza.

20. **Guillermo Farel** (1489-1565). Reformador y compañero de Calvino.
21. **Teodoro Beza** (1519-1605). Sustituto de Calvino.
22. **Menno Simons** (1496-1560). Líder anabaptista, uno de los más radicales de las reformas.

Bibliografía

ALTMANN, Walter. **Lutero e Libertação.** São Leopoldo e São Paulo: Sinodal/Ática,1994.

BARTH, K. **Dádiva e louvor.** São Leopoldo: Sinodal, 1986.

BAYER, Osvaldo. **A Teologia de Lutero.** São Leopoldo: Sinodal, 2007.

BETTENSON, Henry. **Documentos da Igreja Cristã.** São Paulo: Aste, 1967.

BOYER, Orlando. **Heróis da Fé.** Rio de Janeiro: CPAD, 1985.

CATOLICISMO, Romano — Um Simpósio Protestante. São Paulo: Aste, 1963.

CÉSAR, Elben M. Lenz. **Lutero — História e Pensamento.** Viçosa: Ultimato, 2006.

CESAREIA, Eusébio de. **História Eclesiástica.** São Paulo: Novo Século, 1999.

CHAUNU. **O Tempo das Reformas.** Lisboa: Edições 70, 1975.

COLÓQUIOS, Série, v. 1, **Lutero e a Reforma.** São Paulo: Ed. Mackenzie, 2000.

CURY, Augusto. **Inteligência Multifocal.** São Paulo: Sextante, 2010.

DALFERTH, Heloisa, G. **Katharina Von Bora.** São Leopoldo: Sinodal, 2000.

DREHER, Martin N. (Org.). **Reflexões em torno de Lutero.** v. 2. São Leopoldo: Sinodal, 1984.

___________. **De Luder a Lutero.** São Leopoldo: Sinodal, 2014.

___________. **Coleção História da Igreja.** 4 volumes. São Leopoldo: Sinodal, 1993-1999.

___________ (Org.). **Reflexões em torno de Lutero.** v. 3. São Leopoldo: Sinodal, 1988.

ERASMO, de Roterdã. **Elogia à Loucura.** Edições de Ouro.

FEBVRE, Lucien. **Martinho Lutero, um Destino.** São Paulo: Três Estrelas, 2012.

FILHO, Ciro Marcondes. **Título???**. São Paulo: Global, 1985.

FISCHER, Joachim. **Reforma.** São Leopoldo: Sinodal/Est, 2006.

FITZER, Gottfried. **O que Lutero realmente Disse.** Rio de Janeiro: Civilização Brasileira, 1971.

FORELL, George. **Fé Ativa no Amor.** São Leopoldo: Concórdia/Sinodal,1985.

FUNCK –BRETANO, Frantz. **Martinho Lutero.** Rio de Janeiro: Ed. Vecchi, s/d.

GALVIN. James (Editor). **Somente a Fé, Devocionário.** Viçosa: Ultimato, 2014.

GEORGE , T. **Lendo as Escrituras com os Reformadores.** São Paulo: Cultura Cristã, 2015.

GEORGE, Timothy. **Teologia dos Reformadores.** São Paulo: Vida Nova, 1993.

GIORDANI, Mario C. **História dos Séculos XVI e XVII.** Petrópolis: Vozes, 2003.

GISEL, Pierre (Org.). **Enciclopédia do Protestantismo.** São Paulo: Hagnos, 2016.

GOFF, Jacques. **Uma longa Idade Média.** Rio de Janeiro: Civilização Brasileira, 2010.

GREINER, Albert. **Lutero.** São Leopoldo: Sinodal, 1983.

HElMER, Christine. **Lutero um Teólogo para Tempos Modernos.** São Leopoldo: Sinodal, 2013.

ISERLOH, E. , MEYER H. **Lutero e o Luteranismo Hoje.** Petrópolis: Vozes, 1969.

JUNGHANS, Hermar. **Temas da Teologia de Lutero.** São Leopoldo: Sinodal, 2001.

KENNETH, Curtis A. **Os 100 Acontecimentos mais Importantes da História do Cristianismo.** São Paulo: Editora Vida, 2003.

LAWSON, Steven J. **Martinho Lutero.** São Paulo: Fiel, 2013.

LIENHARD, Marc. **Martin Lutero, Tempo, Vida e Mensagem.** São Leopoldo: Sinodal, 1998.

LINDBERG, Carter. **As Reformas na Europa.** São Leopoldo: Sinodal, 2001.

LUTERO, Martinho. **Obras Selecionadas de Lutero.** v. 1-12. São Leopoldo: Concórdia/Sinodal, 1987/2014.

McGRATH, Alister E. **Lutero e a Teologia da Cruz.** São Paulo: Cultura Cristã, 2014.

______________. **O Pensamento da Reforma.** São Paulo: Cultura Cristã, 2014.

______________. **Origens Intelectuais da Reforma.** São Paulo: Cultura Cristã, 2007.

MELANCHTHON, Felipe. **LuteroVisto por um Amigo.** Porto Alegre: Concórdia, 1983.

MOUSNIER, R. **Os séculos XVI e XVII.** HGDC, T. IV, v. 1. São Paulo: D. E. do Livro, 1967.

MUIRHEAD, H. H. **O Cristianismo Através dos Séculos.** v. II. Rio de Janeiro: Casa Publicadora Batista, 1963.

NIEBUHR, H. Richard. **As Origens Sociais das Denominações cristãs.** São Paulo: Aste, 1992.

RIETH, Ricardo W. **Martim Lutero, Discípulo, Testemunha, Reformador**. São Leopoldo: Sinodal, 2007.

ROPS, Daniel. **A Reforma Protestante**. v. IV. Porto: Livraria Tavares Martins, 1962.

SAUSSURE, A. de. **Lutero**. São Paulo: Editora Vida, 2004.

SCHUMAM, Breno; JERKOVIC, Jerônimo. **Lutero 450 anos Depois**. Petrópolis: Vozes, 1967.

SCHMIDT, Kurt Dietrich. **A Presença de Deus na História**. São Leopoldo: Sinodal, 1982.

STROHL, Henri. **O Pensamento da Reforma**. São Paulo: Aste, 1963.

SYPECK, Jeff. **Formando Carlos Magno**. Rio de Janeiro: Record, 2012.

SWEEZY, Paul e outros. **Do Feudalismo ao Capitalismo**. 2.ed. Lisboa: Publicações Dom Quixote, 1972.

TOUCHARD, Jean (Direção). **História das Ideias Políticas**. v. 4. Publicações Europa-América, s/d.

WARCHHOLZ, Wilhelm. **O Pensamento da Reforma**. São Leopoldo: Sinodal, 2015.